나를 행복하게 하는 친밀함

이무석의 마음 공부 리커버 2

나를 행복하게 하는 친밀함

지은이 | 이무석
초판 발행 | 2007. 10. 25
개정판 발행 | 2024. 8. 14
등록번호 | 제1999-000032호
등록된 곳 | 서울특별시 용산구 서빙고로65길 38
발행처 | 비전과리더십
영업부 | 2078-3333   FAX | 080-749-3705
출판부 | 2078-3331

책값은 뒤표지에 있습니다.
ISBN 979-11-86245-56-9   03180

독자의 의견을 기다립니다.
tpress@duranno.com   www.duranno.com

비전과리더십은 두란노서원의 일반서 브랜드입니다.

나를 행복하게 하는

친밀함

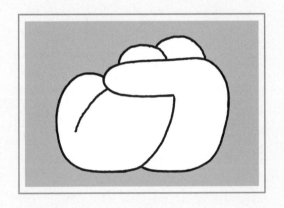

국제정신분석가
이무석 지음

비전^과리더십

"깊이 위로하고 사랑하는
치유자가 되기를"

———

우리는 삶의 행복이 사랑을 바탕으로 하는 친밀한 인간관계에 있음을 모르지 않으면서도 선뜻 마음 열기를 주저하고 두려워합니다. 이 책은 알기 쉽고도 구체적인 예들로 우리에게 친밀한 관계를 다시 시작할 수 있는 힘과 용기를 줍니다. 있는 그대로의 자신과 친밀해지는 법, 가족 친지 이웃과 친밀해지는 법을 저자 특유의 예리한 통찰력과 설득력 있는 이야기로 제시해 줍니다. 이 책을 통해 우리 모두 서로를 깊이 이해하고 위로하는 사랑의 치유자가 되기를 희망해 봅니다.

이해인
수녀, 시인

"카우치에 누워 떠나는
내면 여행"

———

원고를 읽는 내내 신기한 경험을 했다. 저자의 상담 카우치에 나른한 몸을 눕히고 지극히 편안한 마음으로 기분 좋은 내면의 탐구 여행을 신나게 하고 있는 내 모습을 느껴 본 것이다.

저자는 참 편안하다. 자신의 지식으로 독자를 섣불리 가르치려 들지 않는다. 오히려 독자 스스로가 문제의 본질을 찾아 내면을 탐구해 볼 수 있도록 도와준다. 2부의 마지막 챕터를 읽을 무렵에는 내 마음속에 웅크리고 보채는 어린이가 있음을 어렴풋이 느껴 보는 개인적인 수확도 있었다.

저자는 참 친절하다. 탁월한 필력으로 독자들이 스스로 무장 해제하고 저자의 카우치에 편안하게 눕게 만드는 마력이 있는 듯하다. 어려운 정신분석의 개념과 여러 과정들을 소설처럼 쉽고 흥미롭게, 그리고 한 편의 영화를 보는 듯한 상상력을 발휘하게 만들어 읽는 이로 하여금 한 번 잡은 책을 쉬 놓지 않게 만드는 힘이 있다.

다수의 현대인들은 누에고치처럼 자신만의 공간에 틀어박혀 거짓 친밀함으로 유혹하는 여러 도구들에 휘둘린 채 자신의 내면에 울고 있는 자아를 방치하거나 악화시키고 있다. 이 책은 이런 위험한 환경 가운데 처한 우리와 자녀들을 참된 행복으로 이끄는 진정한 친밀함이란 무엇인지를 쉽게 이해하고 실천할 수 있도록 돕는다. 또한 참된 친밀함에 도달치 못하도록 방해하는 내면의 적들이 누구인지를 침착하게 들여다볼 수 있는 지혜를 제공한다.

모쪼록 쉴 틈 없이 쏟아지는 가짜 친밀함의 유혹에 시달리는 많은 현대인들에게 이 책이 해독제로 널리 전달되었으면 하는 바람이다.

조신영

《경청: 마음을 얻는 지혜》,
《쿠션: 고단한 삶을 자유롭게 하는》 저자

"친밀함을 회복한
Ms A의 감동 스토리"

추천의 글을 의뢰받아 원고를 읽으면서 뭉클한 기분이 들었다. '이 기분이 무엇일까?' 스스로 분석해 보았더니 '애타게 기다리던 책이 드디어 나왔구나!'였다. 그동안 정신분석에 관한 책들이 많이 있었지만 저자가 직접 정통적인 정신분석으로 치료한 사례를 기술하고 잘 드러나지 않는 마음(비의식)에 대해 일상 언어로 가슴에 와닿게 쓴 책은 별로 없었다.

이무석 교수는 2007년 독일 베를린에서 열린 국제정신분석학회에서 정식으로 국제 공인 정신분석가로 선정되는 영예를 얻은 국제적으로 실력을 인정받은 분석가이다.

이 책은 1부에서 30대 전문직 여성 Ms A를 정신분석하여 자기 속에 있는 어린아이로부터 성숙해 가는 과정을 한 편의 감동적인 드라마로 그려 내었다. Ms A는 이 과정을 통해 남편, 아버지, 아들과 친밀함을 형성할 수 있게 되었다. 저자가 본래 갖고 있는, 사람에 대한 따뜻한 이해와 공감이 치료에서 돋보여 감탄스러웠다. 또한, 분석 과정에서 새로운 이슈가 제기될 때마다 저자 자신이 받았던 정신분석 경험과 다른 환자의 예를 자유롭게 인용하며 읽는 흥미와 새로운 지식을 더했다.

2부에서는 친밀함을 가로막는 요소들을 예를 들어 가며 정신분석으로 해부하고 있다. 그리고 관계의 본질적 요소인 친밀함이 왜곡되거나 문제가 경우, 어떻게 치유를 할 수 있는지 설명하고 있어 독자들이 실질적인 도움을 받을 것이다.

이 책은 쉽게 읽히면서도 깊이가 있다. 그동안 정신분석을 필요로 하는 사람들이 도움을 받기 쉽지 않은 상황이었는데 저자의 바람대로 이 책을 읽는 사람은 정신분석에 대하여 더 잘 이해하고 꼭 필요한 도움을 받을 수 있을 것이다. 물론 정신분석을 공부하는 정신과 의사들도 꼭 읽어야 할 필독서이다.

홍택유

국제정신분석가, 홍정신건강의학과 원장

Part 1

Ms A를 분석하다

Part 2

우리 안에 있는
친밀함을 향한 갈망

우리를 행복하게 하는 친밀함

회복을 선사하는 친밀함

"자연스럽고 편한 사람이 있다. 잘 보이려고 애쓸 필요도 없고 이야깃거리가 없어도 긴장할 필요가 없으며, 같이 있으면 '그냥' 좋은 그런 사람. 내가 무슨 이야기를 해도 흥미 있어 하고 의지를 해도 편하고 그런 나를 의존적이라고 비난하지도 않는다. 간혹 내 부탁을 거절해도 섭섭하지 않다. 그 사람에게선 잘못을 지적받아도 비난받았다는 느낌이 들지 않는다. 오히려 그런 관심이 고맙다. 피치 못할 사정으로 거리상 떨어져 있어도 그립긴 하지만 버림받았다는 느낌은 들지 않는다. 각자의 자리에서 열심히 일하고 나는 나대로 내 인생을 효율적으로 산다. 서로를 소유하려 하거나 간섭하려 들지 않는다. 서로를 믿고 그 인간됨을 신뢰하기 때문이다. 그 사람을 생각하면 기분이 좋아지고 잠도 깊이 든다."

친밀한 관계에 대해서 정의 내린다면 이러한 관계가 친밀한 관계다. 친밀한 관계는 아주 생산적이고 치유적이다. 행복지수를 높여 준다. 이런 사람과 여행하면 편하고 즐겁다. 사실 이런 관계의 사람과는 무엇을 해도 좋다. 행복한 인생을 위해서는 이렇게 친밀함을 주고받을 수 있는 사람을 만나야 한다.

친밀함을 느낄 때 인간은 편하게 쉴 수 있다. 어머니의 품에 안겼을 때처럼 친밀함은 위안을 준다. 지친 마음이 원기를 회복하게 된다. 한 아들이 중병에 걸려 병상에 누운 늙은 어머니를 찾아왔다. 아들의 얼굴을 본 어머니는 "네 얼굴을 보니 내가 살 것 같다"고 하셨다. 모자지간은 어느 관계보다 더 친밀한 관계이다. 이런 친밀한 관계 속에서는 정신적인 원기 회복이라는 치료 작용이 활발히 일어난다.

사람들은 친밀한 관계를 간절히 원한다. 고립을 못 견뎌 한다. 의지할 친구를 원하고 다정한 사람들 속에 둘러싸 여 살기를 갈망한다. 그런데 막상 현실에서는 친밀한 관 계를 두려워하고 안전거리를 확보해야 마음이 편한 사람 들이 있다. 타인과 느껴지는 거리감 때문에 외롭고 슬프 지만 그렇다고 선뜻 다른 이들과 친해질 수는 없는 사람 들이다. 그 이유는 무엇일까? 그리고 어떻게 하면 이런 비극적인 심리적 현실에서 빠져나올 수 있을까?

 인간을 움직이는 것은 보이지 않는 내면이다. 거리를 두어야 편한 사람들에게는 그럴 만한 내면의 이유들이 있 다. 마음의 지하실, 마음속의 바다 같은 비의식(무의식)*에 그 원인이 숨어 있는 것이다. 모든 노이로제를 일으키는 정신적 갈등이 여기 숨어 있고, 친밀함을 방해하는 인자

---

* 비의식(非意識)과 무의식(無意識)은 같은 뜻으로 쓰이는 말이다. 영어로 는 둘 다 'Unconscious'이다. 다만, 무의식은 의식이 없는 혼수상태를 표현 할 때도 쓰이는 말이기 때문에 '의식 밖에서 일어나는 정신현상'을 표현하 는 용어로 적당치 않다. 그래서 무의식 대신 비의식이란 용어를 쓰기로 한 다. 프로이트가 사용한 독일어 'Unbewusste'도 '모른다'는 의미였지 '의식 이 없다'는 의미는 아니었다.

들도 여기에 숨어 있다. 그 원인을 찾아내어 마음의 현실을 이해하는 것이 친밀함을 회복하는 길이다.

정신분석의 창시자 프로이트 박사의 환자 중에 루시라는 여성이 있었다. 아주 똑똑한 여성이었는데 갑자기 하반신 마비가 왔다. 신경학적으로는 아무 이상이 없는데 걸을 수가 없었다. 알고 보니 형부에 대한 사랑이 원인이었다. 언니가 병으로 죽었다. 장례식장에서 언니의 시신 곁에 서 있는 형부를 보며 속으로 '이제 형부는 자유인이야. 나와 결혼할 수도 있어'라고 생각했다. 그 순간 다리가 감전되는 것 같은 감각을 느꼈다. 이때부터 마비가 시작되었다. 그러나 루시는 자신의 마비와 형부에 대한 사랑의 관계를 몰랐다. 프로이트 박사가 루시의 숨겨진 마음 즉, 형부에 대한 사랑과 언니에 대한 죄책감에 대해서 이야기해 주었다. 비의식에 숨어 있던 감정을 보여 준 것이었다. 루시는 극적으로 치료되었다.

프로이트 박사는 이런 환자들을 보면서 인간의 마음에는 자신도 모르는 부분이 있다는 것을 알게 되었다. 그리고 자신이 모르는 마음의 지하실을 비의식이라 불렀다. 모든 병과 마음의 문제들이 여기서 생긴다는 것을 알게 되었다. 비의식을 탐구하는 것이 가장 효과적인 치료라는

것도 알게 되었다. 그리고 이 비의식 탐구를 정신분석이
라 불렀다.

비의식을 이해하는
가장 좋은 방법, 정신분석

정신분석은 비의식의 바다를 항해하며 원인을 찾아 이해
하는 과정이다. 결코 쉽지 않은 작업이지만 지금도 북미
와 유럽, 그리고 세계 도처에서 수많은 사람들이 정신분
석의 도움을 받고 있다. 그런데 우리나라의 현실은 다르
다. 정신분석에 대한 오해가 많다. 정신분석을 소개해 주
는 책들도 난해하고 너무 이론적인 것들이다.

　정신분석은 특성상 은밀한 방에서 분석가와 피분석자
간에 단둘이 진행된다. 그래서 정신분석을 받고 싶은 사
람들에게 막연한 두려움을 주어 망설이게도 하고 도대체
정신분석이 어떻게 진행되는지 궁금증을 느끼게도 한다.
이런 이유들 때문에 정작 필요한 사람들이 정신분석의 도
움을 받지 못하고 있다. 특히 친밀한 관계를 맺지 못하고
남모르게 외로움과 긴장감에 시달리는 사람들이 정신분

석의 도움을 받지 못하고 있다는 게 안타까울 따름이다. 내가 이 책을 쓰게 된 동기가 여기에 있다.

나는 이제부터 관계에 어려움을 겪던 한 여성 피분석자와 가졌던 정신분석의 전 과정을 소개하여 정신분석이 어떻게 친밀함의 문제를 해결해 가는지 독자의 궁금증을 풀어 주려고 한다.

이 책에서 소개하고자 하는 여성 피분석자를 Ms* A라고 부르겠다. 그녀는 대학 다닐 때 거의 모든 과목에서 A학점을 맞았고, 이 점이 그녀의 심리상태를 잘 반영하고 있다고 생각하기 때문이다. 이 자리를 빌려 Ms A에게 감사한다. Ms A는 프로이트 박사의 피분석자들처럼 내가 자신의 이야기를 쓰는 것을 허락해 주었다. 마음의 아픔을 경험해 본 사람, 그 문제에서 벗어나 본 사람만이 이런 일을 허락할 수 있다고 생각한다.

이 책을 쓰는 지금 내 마음에는 한 가지 염려가 있다. 정신분석을 받는 피분석자들이 '내 이야기도 이렇게 공개되지 않을까?' 하고 우려할까 봐서이다. 그러나 안심해도 된다. 피분석자의 예를 들 때는 개인 신상에 대해 많은 부

---

* Ms(미즈). 혼인 여부에 상관없이 쓰이는 여성 경칭 표현.

분을 바꿔 놓기 때문에 누구도 알아볼 수 없다. 혹 자신의 이야기와 비슷한 이야기가 나올 수도 있다. 그러나 그것은 인간들이 흔히 경험하는 인간 공통의 심리경험이라고 이해해 주기 바란다.

인간의 마음은 마음의 이야기를 통해서만 이해될 수 있다. 그래서 좀 부끄럽지만 이 책에는 나의 내면 이야기도 썼다. 나는 40대 초반에 영국 런던에서 정신분석을 받았다. 열등감과 대인관계의 긴장감 때문이었다. 친밀함의 문제는 내 문제이기도 했다. 물론 정신분석을 배우고 싶다는 동기도 작용했다. 분석 시간에 희열을 느낄 정도로 많은 도움을 받았다. 어머니의 사랑에 목말라하는 내 마음속의 아이를 만났다. 6개월간 분석을 받고 귀국했다. 그런데 정신과 의사 생활을 계속하면서 뭔지 모를 부족함을 계속 느꼈다. 마음속의 아이를 만나기는 했지만 마음이 자유롭지는 못했다. 친밀함의 문제는 그대로였다.

정통 정신분석을 제대로 받고 싶었다. 그래서 50대 중반에 미국 샌디에이고에서 다시 분석을 시작했고 350여 시간의 정통 정신분석을 받았다. 그렇다고 지금 내가 모든 갈등을 초연하게 극복할 수 있게 된 것은 결코 아니다. 아마도 이 부분은 우리 인간의 영역이 아닐 것이다. 그러나 지금 나는 순간순간 내 속에서 일어나는 감정을 스스로 분석하여 이해할 수 있게 되었고 그래서 쓸데없는 감정의 낭비가 적어졌다. 그리고 이렇게 분석을 받는 입장에 서 봄으로써 피분석자들의 마음을 더욱 잘 이해하게 되었다.

1부에는 Ms A의 얘기와 함께 내 얘기도 많이 나온다. 독자들에게 분석가와 피분석자의 입장에 모두 서 본 내 이야기가 도움이 되길 바라는 마음이다. 분석을 받은 후 30대인 내 외동딸이 나에게 "아빠가 전보다 많이 편해졌어요"라고 했다. 이런 생각이 들었다. '분석을 좀 더 젊을 때 받았더라면 인생을 더 편하게 살았을 것을….'

많은 이들이 내적 고통에 시달리며 도움을 구하고 있다

나는 작년에 비전과리더십 고준영 편집장의 권유를 받아 《30년만의 휴식》을 썼고 이 책에 대한 독자들의 반응에 놀랐다. "이 책을 읽고 울면서 이 글을 씁니다. 내 마음속의 아이가 너무 불쌍해서 웁니다"라고 써 보낸 여성 독자도 있었고 "우울증으로 수개월 간 두문불출하고 있었어요. 우연히 《30년만의 휴식》을 읽고 내 안의 성난 아이를 발견했어요. 이 편지가 수개월 만에 바깥세상으로 나가는 제 첫 언어입니다"라고 보내온 젊은이도 있었다.

많은 독서 클럽과 교회에서 저자와의 만남을 원했다. 정작 지난 일 년간 나는 《30년만의 휴식》 때문에 휴식을 취할 수가 없었다. 그래도 즐거웠다. 강의 시간에 표정이 밝아지고 공감하듯 고개를 끄덕이는 청중들의 피드백에 감동했다. 강의 후 복도에서 만났을 때 던지는 그들의 따뜻한 시선과 친근한 표정을 잊을 수가 없다.

이를 보며 나는 참으로 많은 사람들이 내적 고통에 시달리고 있으며 도움을 구하고 있다는 것을 확인했다. 《30년만의 휴식》은 자기 안의 어린아이를 발견해, 그것으로부터 해방되고 참휴식을 취할 수 있도록 도운 책이었다. 《나를 행복하게 하는 친밀함》은 관계 속에서 행복을 맺게 하는 친밀함을 방해하는 요소를 찾아내 자유하도록 돕는 책이다. 이 책 1부에서는 우리 모두의 닮은 꼴인 Ms A의 정신분석 과정에 대해, 그리고 2부에서는 친밀함을 방해하는 요소들과 친밀한 관계를 맺기 위한 방법에 대해 다루었다.

이 책을 읽고 독자들이 더 편하게 친밀함을 느끼며 살았으면 좋겠다. 비전과리더십의 고준영 편집장과 팀원들에게 감사한다. 이분들의 공격적인 도움이 없었다면 이 책은 햇빛을 보지 못했을 것이다. 나와 가장 친밀한 사람, 아내 문광자에게 이 책을 드린다.

2007년 가을에

이무석

사람들은 친밀한 관계를 간절히 원한다.
그러나 막상 친밀한 관계가 두려워
안전거리를 확보해야 마음이 편하다.
그 이유는 무엇일까?
어떻게 하면 이런 비극적인 현실에서
빠져나올 수 있을까?

Part 1

Ms A를

분석하다

"다 나았으니
분석은 필요 없어요"

인간관계가 어려운 30대 여성

서늘한 바람이 불던 가을 오후였다. 30대 여성이 나를 찾아왔다. Ms A였다. 아이 하나를 두고 맞벌이를 하는 전문직 여성으로 그녀가 나를 찾은 것은 인간관계의 문제 때문이었다. 겉으로는 친구도 있고 직장 동료도 있고 사교 모임도 많았지만, 그녀의 마음속에서는 모두가 사무적인 만남이었다. 일 때문에 혹은 볼일이 있어서 만나는 것일 뿐, 마음 편하게 친밀함을 나누는 관계는 아니었다. 아무 볼일 없이 만나도 그냥 좋고 편한 관계가 친밀한 관계이다. 그녀는 이런 관계를 가질 수 없었다. 이상하게도 그녀는 사람과 친해지는 것이 두려웠다.

그녀가 '친밀함에 대한 두려움'(fear of intimacy)을 생활 도처에서 느끼고 있음을 알 수 있다. 예컨대 길을 걷다가 회사 동료나 업무상 아는 사람을 만나면 그녀는 상대방을 피하고 싶어 한다. 사람들은 보통 길에서 아는 사람을 만나면 반갑게 인사를 나눈다. 그러나 그녀는 그 순간 가슴이 철렁 내려앉는 것 같은 두려움을 느낀다. 물론 내색은 하지 않고, 이런 감정을 조절하지만 어느 자리에서든지 아는 사람을 만날 때마다 두려움을 느낀다.

그녀는 여행할 때도 혼자 앉는 자리를 좋아한다. 그래서 고속철도 특실의 혼자 앉는 자리를 애용한다. 방해받지 않고 일할 수 있기 때문이라고 하지만 실은 가까운 옆자리에 누군가가 있다는 사실이 불편한 것이다. 그녀는 혼자 있을 때 가장 편하다. 고속버스나 비행기에서도 옆자리에 앉은 사람이 말을 걸거나 아는 체를 하면 몹시 불편해진다. 예의를 갖춰서 응대는 하지만 곧 신문이나 잡지를 펴서 '말하고 싶지 않다'는 뜻을 전달한다. 그녀는 정해진 역할과 일 속에 자신을 감출 수 있을 때가 편하다. 그럴 수 없을 때는 견딜 수 없을 만큼 불편해진다.

심지어 남편과 둘만 있을 때도 그녀는 왠지 모르게 불편했다. 일요일 오후에 아이가 나가고 집에 남편과 둘만 남게 되면 자기도 모르게 마음이 불편해진다. 둘만 있는 시간을 피하려고 가까이 사는 친정 동생과 제부를 불러들이기도 하고, 불러들일 사람이 없을 때는 다른 일거리를 만든다. "당신은 좋아하는 야구 보세요. 나는 내 일을 할게요." 남편조차 가까이 다가오는 것이 불편하고 두려웠다. 타인의 접근과 자기 노출에 대한 두려움 때문이었다. 그러나 그녀는 이런 친밀에 대한 두려움을 의식하지 못하고 있었다. 오히려 자기는 좋은 엄마, 부지런한 아내라고 자부하며 살아왔다. 보통 현대인들은 자신이 친밀함에 대한 두려움을 느끼고 있는지조차 모르는 경우가 많다. 외로움과 소외감에 익숙한 상황이다. 그래서 돈과 명예, 중독들을 통해 이 소외감을 해소시켜 보고자 한다.

어느 날 새벽 Ms A에게 작은 사건이 있었다. 유치원에 다니는 아들이 "엄마"라고 부르며 그녀의 품을 파고드는데 자신도 모르게 놀라며 아이를 밀어낸 것이었다. 아이는 서러워하며 울었다. '내가 무슨 짓을 한 거야? 내 자식을 밀어내다니….' 그때서야 그녀는 아들의 접근도 편하게 받아들이지 못하는 자신을 발견했다. '나는 도대체 왜 이럴까? 이러다가 나 때문에 내 아들이 잘못되면 어쩌지?' 하는 두려움이 엄습했다. 이 사건이 계기가 되어 그녀는 정신분석을 받게 되었다. 이 사건은 사람에 따라 심각하게 받아들일 수도 있고 아닐 수도 있다. 그녀에게 이 사건이 심각했던 것은 어린 시절 엄마가 자신을 밀어냈던 아픈 경험이 떠올랐기 때문이다. 한번도 자신을 따뜻하게 안아 주지 않고 늘 차갑게 느껴졌던 엄마가 떠오르면서, 그 거절감이 자신을 얼마나 아프게 했는지 생각났다. 자신의 아들만큼은 그런 마음을 갖고 살게 하고 싶지 않다는 마음이 불같이 일어났던 것이다.

정신분석은 보통 초기, 중기, 종결기로 나뉜다. 초기 단계에서는 분석가와 피분석자의 면담을 통해 분석이 적당한지 아닌지 판단하게 되고 적당하다고 판단이 되면 합의하에 분석계약을 맺게 된다. 그리고 카우치에 누워 떠오르거나 생각나는 것을 얘기하는 자유연상기법으로 분석이 시작된다. 초기 과정에서는 자신의 내밀한 이야기를 드러내야 하는 것에 피분석자의 저항이 심하다. 그래서 분석을 그만둘 수 있는 온갖 이유를 찾는데, 때로는 증세가 호전돼 다 나았다고 하는 경우까지 생긴다. 이런 저항들을 통해 친밀한 관계를 어렵게 만든 내면이 드러나게 된다.

나의 분석실

분석에 들어가기 전에 독자의 이해를 돕기 위해 먼저 나의 분석실에 대해서 소개하는 것이 좋겠다. 내 분석실은 대학병원의 연구실로 5, 6평쯤 되는 작은 방이다. 한쪽 벽에는 책장이 있고 책이 가득히 꽂혀 있다. 그래서인지 내 피분석자들은 분석 중에 도서관 꿈을 많이 꾼다. 책장 맞은편에 카우치가 놓여 있고 카우치 머리맡에 내 의자가 있다. 그래서 피분석자가 카우치에 누우면 내가 보이지 않는다. 이런 자리 배치는 되도록 자신의 내면에 떠오르는 생각에 관심을 집중하도록 돕기 위한 것이다. 나와 대면하고 내 얼굴을 보면서 이야기할 때는 나의 표정이나 반응에 신경을 쓰지 않을 수 없기 때문이다. 이런 자리 배치, 즉 피분석자를 카우치에 눕히는 방식은 정통 정신분석을 하는 분석가들이 이용한다.

그리고 내 진료실에는 장미나무로 만든 편한 의자가 두 개 더 준비돼 있다. 얼굴을 보며 면담하는 사람들을 위해서다. 나는 내담자가 안심하고 이야기할 수 있는 분위기를 만들려고 신경을 썼다. 무엇보다 중요한 것은 방음이었다. 방문을 이중문으로 달았다. 복도로 난 창은 폐쇄했고 천장도 방음 장치를 했다. 바닥에는 카펫을 깔고 은은한 빛의 할로겐램프로 간접 조명을 했다.

방음에 특히 신경을 쓰게 된 것은 한 여성 피분석자의 꿈이 계기였다. 그녀가 분석을 시작한 후 2, 3개월쯤 됐을 때였다. 꿈에 내가 자기 집을 방문했다고 했다. 자신이 화장실 변기에 앉아 있는데 내가 나타나 부끄러웠다고 했다. 그런데 꿈속에서도 이상하게 느꼈던 것은 화장실에 벽이 없는 것이었다. 노출된 화장실이었다. 사람들이 지

나다니는 것이 보였다. 그런데 꿈속에서 내가 그녀에게 "무엇이든 생각나는 것을 말씀하십시오"라고 했다는 것이다. 이 말은 분석 시간에 내가 그녀에게 늘 하던 말이었다. 꿈속에서 그녀는 '아니, 사람들이 다 듣는데 무슨 말을 하라는 거지?'라며 당황했다.

꿈에 대한 연상을 통해서 꿈의 의미를 이해할 수 있었다. 꿈속의 화장실은 분석실이다. 당시 내 방은 방음이 안되었고 그녀는 방문 밖에서 기다리던 중 우연히 내 방 안에서 나누는 말소리를 들었다. 이것이 벽 없는 화장실 꿈을 꾸게 했다. 그녀의 비의식은 벽 없는 방에서 복도를 지나다니는 사람들이 다 듣는데도 내가 "생각나는 것을 다 말씀하십시오"라고 요구하고 있다고 생각한 것이다.

그녀처럼 피분석자들은 꿈에서 분석실을 흔히 화장실로 표현한다. 분석실에서 자신의 부끄러운 것들을 모두 털어놓는 일을 배설한다고 이해하는 것 같다. 화장실에서는 자기를 가리는 옷을 벗는다. 그래서 일반적으로 화장실의 위치도 안심하고 자신을 노출할 수 있는 한적한 곳에 자리 잡고 있다. 분석실도 은밀하고 개인적 비밀이 보장되는 곳이다. 피분석자가 안심하고 자유연상을 할 수 있도록 세심한 배려를 해야 한다.

분석가를 처음 만날 때 느끼는 불안

누군가 분석을 받고 싶다고 내게 전화를 하거나 이메일을 보내면 나는 시간을 정한다. 약속시간에 그분이 들어오면 "어서 오십시오"라고 인사는 하지만 악수는 하지 않는다. 신체접촉은 분석에 좋지 않은 영향을 주기 때문이다. 자리를 잡고 앉으면 먼저 질문을 한다. "분석을 받고 싶은 이유가 있을 것 같은데 말씀해 주실까요?", "자신에 대해서 말씀해 주실까요?" 혹은 "혹시 어떤 어려움이 있으신가요?"라고 말문을 연다.

누구나 낯선 사람에게 자신의 문제를 얘기하는 것은 두려운 일이다. 더구나 아주 내밀한 이야기라면 이만저만한 용기가 필요한 게 아니다. 그래서 나는 내담자가 이야기할 때 그런 불안을 덜어 주려고 노력한다. 힘든 침묵이 흐를 때는 "말씀하기가 쉽지 않으신 것 같습니다"라고 도와주기도 한다.

사람들은 나를 찾아올 때 몇 가지 두려움을 안고 온다. '선생님이 나를 정신병자로 진단하지 않을까?' 혹은 '나도 모르게 과거의 부끄러운 기억이 떠오르면 어쩌나?' 하는 것이다. '선생님이 나를 무시하거나, 나에게 혐오감을 느끼면 어쩌나?', '분석을 받다가 나도 모르게 이상한 상태에 빠져서 헛소리를 하지나 않을까?' 하는 두려움도 있다.

그러나 이런 두려움은 실은 비의식 탐구에 대한 두려움과 저항이 모양을 바꾸어서 나타난 것일 뿐이다. 비의식이란 의식의 지하실로, 그 문 앞에서 인간은 큰 두려움을 느낀다. 비록 두렵지만 고통으로부터 벗어나기 위해서 분석가를 찾는다. 인간의 모든 심리적 고통, 즉 인간관계의 어려움, 고독, 친밀한 관계 형성의 어려움, 불안, 우울, 의심과 열등감이 모두 비의식에 뿌리를 두고 있다. 불안 신경증, 강박증, 공포증 등의 정신질환의 원인도 모두 이 비의식에 숨어 있다. 비의식에 내려가 그 뿌리를 이해하고 해결할 때 사람들은 자유로워질 수 있다. 혼자서는 비의식의 탐구가 두렵지만, 전문가인 분석가와 함께라면 안심할 수 있다.

분석 초기에 나타난 분석 저항

피분석자들은 용기를 내어 비의식 탐험을 결심하고 나를 찾아온다. 하지만 비의식에 대한 두려움은 여전히 그들을 위협한다. 두려운 자리는 피하고 싶은 것이 인간의 본능이다. 그래서 한편으로는 간절히 분석을 받고 싶으면서도 다른 편에서는 끊임없이 분석을 피해 달아나고 싶은 유혹을 느낀다.

예컨대 한 남자는 발기부전증으로 수년간 고생하다가 분석을 시작했다. 발기부전이 올 만한 신체적인 이유는 없었다. 심인성(心因性) 발기부전이었다. 중학생 때 여동생과 근친상간을 했는데 이에 대한 죄책감이 원인이었다. 그는 자신이 살아온 이야기를 한 다음 날 가족에 대한 이야기를 할 시간에 나타나지 않고 전화를 했다. "선생님, 어젯밤에 발기가 됐어요. 기적 같아요. 너무 기뻐요. 치료됐으니 이제 분석 그만해도 되겠지요?" 그는 분석으로부터 도망가기 위해서 증상(발기부전)의 호전을 이용했다.

그의 자아는 이렇게 예상했을 것이다. '내일 분석 시간에 가족력을 이야기할 텐데 그때 여동생 이야기가 나오게 될 것이다. 힘들고 수치스러운 근친상간 이야기를 하느니 차라리 분석을 피해 버리자. 증상이 나았다고 하면 선생님도 더 이상 오라고 할 수 없을 테지.' 증상의 호전은 불안한 자리를 모면하기 위한 것이었다. 불완전한 치유다. 여동생 문제는 풀리지 않은 채 그대로 그의 비의식에 남아 있다가 다시 그를 공격할 것이다. 다행히 그는 이 고비를 잘 넘겼고 분석을 계속할 수 있었다. 정신분석을 하다 보면 이런 고비를 수없이 만난다. 분석을 방해하는 이런 고비를 정신분석에서는 '저항'(resistance)이라고 부른다.

분석 초기에 넘어야 할 또 다른 고비 중 하나는 분석의 효과에 대한 의심이다. '분석을 받는다고 대인관계 문제가 해결될까?' 또한 분석가의 능력에 대한 회의도 분석을 방해한다. '선생님은 나 같은 사람을 치료한 경험이 있을까?' 일견 당연한 의심 같지만 실은 비의식의 문을 열기가 두려워서 피할 구실을 찾고 있는 것이다. 무능력한 치료자이기 때문에 분석을 중단했다고 하면 비난받지 않을 수 있기 때문이다.

'내 문제를 내가 해결해야지 남의 도움을 받는다고 해결될 문제가 아니야'라고 생각하고 분석을 피하는 사람들도 있다. 이런 사람들은 평소 의존에 대한 두려움을 가지고 있다. 남에게 의지하게 되는 것에 두려움과 거부감을 가지고 있는 것이다. 이들은 분석가에게 너무 의지하다가 마약에 중독된 것처럼 자기 조절력을 잃어버릴까 봐두려워한다. Ms A도 의존에 대한 두려움이 컸다. 그래서 분석을 그만두고 도망가고 싶다고도 했다. 의존에 대한 두려움도 실은 분석을 피하려는 구실일 경우가 많다. "나

는 의존하지 않기 위해서 분석을 중단하는 거예요. 비의
식을 보기가 두려워서 중단하는 것이 아니에요"라고 분
석 중단에 대한 변명을 하고 싶은 것이다. 이런 장애물은
아주 교묘하기 때문에 환자 자신도 저항인지 모르는 경우
가 많다. 또한 Ms A는 내가 자기를 무시하거나 비난할까
봐 몹시 걱정했다. 피분석자들은 이런 이유로 분석실 앞
에서 두려워한다. 피해 달아나는 사람들도 있다.

그러나 안심해도 된다. 경험해 보면 알지만 분석가는
피분석자를 이해하고 존중해 준다. 절대로 비난 같은 것
은 하지 않는다. 분석가의 역할은 이해하는 것이지 판단
하거나 비난하는 것이 아니기 때문이다. 의존에 대한 염
려도 기우에 불과하다. 분석의 목표는 의존적인 삶을 벗
어나 독립적인 인생을 사는 것이다. 그리고 분석가는 분
석 중에 항상 일정한 거리를 유지한다. 분석가의 자리는
항상 피분석자와 너무 가깝지도 않고 너무 멀지도 않은
중간지점(analytic neutrality)에 있다.

분석을 방해하는 다양한 요소들

피분석자는 치료 초기에 치료계약을 맺고 자유연상에 대해서도 배운다. 그러나 본격적으로 분석이 시작되면 연상이 막히고 갑자기 장애물에 부딪히는 고비를 만난다. "아무 생각도 떠오르지 않아요" 하고 침묵에 빠지는 경우가 가장 많다. 분석 세 번째 시간에 한 여자 피분석자가 침묵에 빠졌다. 나는 그녀가 계속 말하기를 기다렸다. 그녀는 오히려 내 쪽에서 말하기를 기다리는 눈치였다. 계속 침묵이 흐르자 그녀가 물었다.

피분석자: 왜 아무 말씀도 안 하세요?

분석가: 부인의 다음 말을 기다리고 있는 중입니다.

피분석자: 선생님이 왜 아무 말씀도 안 해 주시는지 저는 그게 궁금한데요?

분석가: 부인에게 도움이 될 말씀을 드리기 위해서 저는 부인에 대해 더 많이 알고 이해해야 합니다. 그래서 분석가로서 저의 역할은 부인께서 말씀하시는 동안 대부분의 시간을 열심히 듣는 것입니다. 앞으로도 제가 침묵하고 있을 때가 많을 것입니다. 제가 말이 없는 것이 부인에게 관심

이 없기 때문이라고 생각할 필요는 없습니다.

　침묵 외에도 분석을 방해하는 다양한 행동이 나타난다. 치료시간을 잊고 결석한다든지, 치료시간 내내 아주 사소한 일을 늘어놓아서 치료시간을 때운다든지, 이유 모를 분노를 터트린다든지…. 이것은 분석에 저항하는 행동인데, 흥미로운 것은 이런 저항이 나타날 때 그 밑에 중요한 정보가 숨어 있다는 것이다. 따라서 저항을 인식하고 분석하는 것은 정신분석의 필수적인 과정이다.

　예컨대 한 남자 환자가 정신 치료시간을 까맣게 잊고 있다가 치료시간이 끝날 무렵에야 생각이 났다. 놀라고 당황했다. 다음 날 환자는 여러 가지로 변명을 늘어놓았다. 분석가가 "당신이 치료시간을 잊은 데는 그럴 만한 현실적인 이유가 있을 것입니다. 그러나 그런 현실적인 이유 외에 또 다른 이유가 있을 수도 있을 텐데 혹시 생각나는 것은 없습니까?"라고 묻자 환자는 놀란 듯이 "전화가 생각나요"라고 대답했다. 바로 그전 치료시간에 분석가는 치료 중에 걸려 온 피치 못할 전화를 받느라고 그의 치료시간을 20분이나 소모했던 것이다. 이런 일은 정신치료에서 아주 이례적인 경우이다. 분석가의 실수였다. 분석가는 미안하다고 사과했고 그 시간 분의 분석비를 받지 않았다.

그러나 환자 마음속의 아이는 화가 났다. 그리고 다음날은 약속시간을 잊게 했다. 치료에 방해되는 행동이므로 이 치료시간 망각도 저항이다. 흥미로웠던 것은 그날 환자가 털어놓은 유년기 경험이었다. 유년기에 자신은 집안에서 소외당하는 존재였고, 형과 막냇동생 사이에 끼어 항상 버림받는 입장이었다는 사실을 말했다. 전날의 전화 건은 그가 다시 한번 소외당하는 입장이 되는 아픈 경험이었다. 그는 분석가가 전화 상대와 이야기하는 동안 소외당했다. 그는 다시는 그런 입장이 되기 싫었다. 그래서 치료시간을 망각함으로써 그 자리를 피해 버렸다. 소외감의 아픔이 결석 저항의 숨은 이유였다. 또한 결석으로 분석가에게 소외감을 돌려준 셈이 되었다. 결석으로 분석가에게 분노를 표현했다고 볼 수 있다.

이렇게 저항은 정신분석을 방해한다. 그런데 모든 정신분석에서 저항은 항상 나타난다. 프로이트 박사는 "분석가는 치료의 시작부터 마지막까지 늘 저항을 만난다"고 말했다. 자기 마음을 남 앞에서 말하기가 그렇게 쉬운 일이 아니기 때문이다. 그래서 저항을 부끄러운 것이나 불성실한 것으로 볼 필요는 없다. 게으른 것으로 보고 죄악시해서도 안 된다. 저항은 피분석자의 입장에서는 그럴 만한 충분한 이유가 있으므로 존중해 주어야 한다. 저항을 깨부수고 들어가려 해서는 안 된다. 다만 분석에 방해가 되기 때문에 피분석자와 함께 저항을 찾아서 이해하는 작업이 필요할 뿐이다. 이 작업을 저항 분석이라고 한다. 그 결과로 얻는 소득은 저항의 원인이 되었던 비의식의 갈등을 발견한 것이었다. 그래서 저항을 다루는 것은 정신분석에서는 아주 중요하고, 매시간마다 밥 먹듯이 하는 일상적인 작업이다. 마릴린 먼로 양을 정신분석했다고 알려진 랄프 그린슨 박사가 한 여성의 저항을 분석한 이야기는 흥미롭다.

그녀는 분석 시간 중에 긴 침묵에 빠졌다. 그런데 긴장돼 보이지 않고 아주 행복해 보였다. 손으로 양털같이 부드러운 카펫을 조용히 쓰다듬고 있었다. 입가에는 미소가 흐르고 있었다. 그녀가 입을 열었다. "우리 분석은 그만두고 섹스나 할까요?" 분석가는 태연히 대답했다. "자, 그보다는 분석을 계속해 봅시다." 그녀는 잠에서 깬 듯이 자유연상을 계속했다. 연상을 따라가 보니 침묵의 저항을 유발했던 원인이 있었다. 분석가가 피운 시가 향기가 그 이유였다. 그녀는 유년기에 아버지를 사랑했다. 오이디푸스 콤플렉스에 빠져 있었던 것이다.

그녀의 아버지는 서재에서 늘 시가를 피웠다. 그녀는 어릴 때 서재 소파에 누워 시가를 피우는 아버지를 보며 행복해했다. 그런데 그날 분석실에 들어오자마자 시가 향기가 났다. 그녀가 도착하기 전에 분석가가 시가를 피웠던 것이다. 그녀는 시가 향기를 맡고 비의식 중에 마음속 아이의 감정에 휩싸이게 되었다. 분석실은 어릴 때 아버지와 함께 있어서 행복했던 서재로 변했다. 시가 향기가 이 작용을 촉발시켰다. 그녀는 유년기 상상과 만족감에 빠졌다. 침묵과 유아기 성 충동에 빠졌다. 자유연상을 중단하고 유아기 욕구의 충족을 원했다. 저항이었다. 그러나 분석가인 그린슨 박사가 고비를 잘 넘겨 주었다.

분석에 적당한 사람들

분석 시작 무렵에 피분석자의 이야기를 들으면서 분석가인 나의 역할은 '이 사람의 고통이 무엇일까? 그것은 어디서 온 것일까?'를 이해하는 것이다. 동시에 '이 사람에게 정신분석이 적당한가?'를 판단하는 것도 중요한 과제이다. 누구나 정신분석을 받을 수 있는 것은 아니기 때문이다.

정신분석을 받기에 적당한 사람들은 어떤 사람들일까? 우선 자기 마음을 잘 읽고 표현할 줄 알아야 한다. 정신분석에서는 '마음 중심적인(psychological mindedness) 사람'이라고 한다. "그때 나는 이런 감정을 느꼈어요. 그리고 이러이러한 생각이 떠올랐어요"라고 말할 줄 아는 사람이다. 기자처럼 사건만 이야기하는 것이 아니라 어떤 사건 속에서 느낀 자기감정과 마음을 이야기할 줄 아는 사람이다. 정신분석이 자기 마음을 탐구하는 작업이기 때문에 이런 능력이 필수적이다.

예컨대 Ms A는 내 진료실에 처음 온 날 화분을 보며 "화분의 저 식물은 아마도 난 같은데, 참 행복해 보이네요"라고 말했다. 나는 "그렇게 보이세요?"라고 물었다. 그녀는 웃으며 "작은 난이 혼자서 넓은 화분을 차지하고 있어서 참 좋겠어요. 풍요로워 보여요"라고 했다.

나는 그녀가 난을 보며 느끼는 자기감정과 상상을 잘 표현하고 있다고 생각했다. 그 후 분석 중에 알게 된 것이지만 그녀는 난을 부러워하고 있었다. 넓은 화분, 풍요로운 토양을 독점하고 매일 나의 보살핌을 받고 사는 난이 부러웠던 것이다. 내가 매일 난에게 물을 주고 잎을 손질해 줄 것이라고 상상했다. 그녀는 그렇게 자상한 아버지를 원하고 있었다. 그녀에게는 남동생이 하나 있었고 그녀의 비의식은 남동생에게 아버지를 빼앗겼다고 생각하고 있었다. 그래서 자상한 아버지를 그리워하고 있었다. Ms A는 난을 보며 떠오른 생각과 감정을 자연스럽게 표현할 줄 아는 사람이었다.

또한 분석은 최소한 2년 이상 걸리는 긴 항해이다. 그래서 분석을 받는 사람에게는 인내심이 필요하다. 그리고 인간관계를 한 번 맺으면 오래 유지하는 사람이 분석에 좋다. 작은 일로 삐치고 절교하는 사람은 분석에 적당하지 않다. 분석 과정에서 자기 마음에 들지 않는 일이 생기면 고비를 넘기지 못하고 중단해 버릴 위험이 높기 때문이다. 그래서 분석가는 "오랜 친구가 있는가?"에 관심을 기울인다. 사람을 고용하는 사람이라면 "수년간 함께 일하는 직원이 있는가?"도 관심사항이다. Ms A는 남편과 10년째 비교적 화목한 가정생활을 유지하고 있었다. 이것도 분석에 적당한 사람이라는 판단의 이유가 되었다.

분석에 적당한 환자인지 판단할 때는 현실적인 여건들도 고려해야 한다. 우선 시간을 낼 수 있어야 한다. 분석은 보통 한 번에 45분간, 일주일에 4일을 만난다. 거의 매일 만나다시피 하기 때문에 시간을 내기 어려운 상황이라면 분석은 불가능하다. 또한 거리상 두 시간씩 차를 타고 와야 한다면 분석을 받기가 어려울 것이다. Ms A는 가까운 곳에 살고 있었고 직장도 진료실에서 가까웠다. 아침 일찍 분석을 받고 직장으로 출근할 수 있는 거리였다.

또한 정신분석에 적당한 사람들은 분석에 대한 동기가 강해야 한다. 분석을 통해서 자신의 문제를 해결하지 않으면 안 될 분명한 이유가 있어야 한다. 그 이유는 보통 노이로제 증상인 경우가 많다. 원인을 알 수 없는 불안 때문에 잠 못 자고 시달리다가 분석가를 찾기도 한다. 남들이 부러워할 정도로 성공했지만 자신은 예나 지금이나 도무지 행복하지 않고 우울한 사람들도 분석가를 찾는다. 늘 뭔가에 쫓기는 기분으로 사는 사람들도 정신분석을 원한다. '이런 기분에서 제발 벗어나고 싶다'고 호소한다.

대인관계의 어려움 때문에 분석을 받는 사람도 많다. 사람을 만났을 때 지나치게 긴장하는 사람들은 전화도 마음 편하게 못한다. 전화기를 들고 몇 번이나 망설이고 다짐한 후에 비로소 통화 버튼을 누른다. 상대방이 싫어할 것 같아서이다. "귀찮게 왜 전화질이야?" 하는 소리가 들리는 것 같다. 그럴 리가 없다는 것을 안다. 그러나 전화기를 들 때마다 마음은 긴장한다. '제발, 이 바보 같은 마음에서 벗어나고 싶다'는 소원이 간절하다. 이런 사람들이 분석실의 문을 두드린다. 북미나 유럽에서는 심리학자나 사회사업가들이 분석을 많이 받는다. 또 인류학자, 연예인, 시인이나 예술가들도 많다. 많은 사람을 상대하는 사람들이라 갈등도 그만큼 많고 그래서 분석의 효과도 잘 알기 때문이다. 분석을 받는 사람을 지적인 사람으로 보는 사회도 있다.

Ms A도 대인관계의 어려움을 겪고 있었다. 겉으로는 사교적으로 보였지만 속마음은 늘 긴장하고 있었고 외로웠다. 친밀한 관계를 맺을 수가 없었다. 가까워지는 것이 두려웠다. 전문직도 가졌고 비교적 성공했지만 마음은 행복하지 못했다. 이것이 분석을 받게 된 동기였다. Ms A뿐만 아니라 인간은 누구나 친밀함(intimacy)에 대한 갈망이 있다. 그러나 친밀함을 가로막는 요소들이 있다. 친밀함을 가로막는 원인들에 대해서는 다른 장에서 다루겠다.

대인관계의 어려움이나 불안, 우울, 강박관념 같은 증상이 심할수록 벗어나고 싶은 동기도 강해진다. 동기가 강한 만큼 분석의 어려움도 잘 이겨 낼 수 있다. 그래서 고통이 심할수록 분석에 적합한 조건이 된다. 반대로 증상이 쉽게 호전되어 버리면 분석의 동기가 약해져서 분석이 어려워지기도 한다. 그래서 정신분석에서는 진정제나 항우울제로 증상을 없애 주는 처방을 하지 않는다. 힘들어도 인간은 아픈 만큼 성숙해진다.

분석에 필요한 계약 조건

Ms A는 여러 가지 조건이 맞았다. 그래서 나는 정신분석을 권했고 그녀는 분석을 받겠다고 선선히 응했다. 본격적인 정신분석에 들어가기 전에 한 가지 중요한 과정이 남아 있었다. 그것은 분석계약(analytic contract)을 맺는 것이었다. 예컨대 일주일에 4회 진행하는 것, 1회에 45분 하고 '늦게 도착하더라도 마치는 시간은 일정하다'는 것 등이다. 예컨대 3시부터 3시 45분까지가 분석 시간인데 3시 40분에 도착하면, 5분만 만나고 분석을 끝낸다. 몰인정해 보이지만 계약을 준수하는 게 분석에서는 아주 중요하다.

하루는 Ms A가 실수로 지각을 했다. 그날은 오전 8시 30분이 분석 시간이었는데 9시 30분에 도착했다. 계약대로 나는 그녀를 돌려보냈다. 다음 날 그녀는 자신의 게으름을 탓하며 부끄럽다고 했다. 나를 번거롭게 해서 죄송하다고 사과했다. 그리고 그녀는 다음 날부터 연이틀을 분석 시간에 나타나지 않았다. 셋째 날이 되어서야 나타났다. 알고 보니 지각하고 허탕 친 그날 그녀는 몹시 화가 났다. 사람을 죽이는 꿈도 꾸었다. 그러나 자신의 분노를 의식하지 못하고 있었다. 자신의 분노가 두려워서 억압하고 있었기 때문이다. 나에게 화가 났으면서도 오히려 나를 걱정해 주었다. "제 게으름이 부끄럽네요. 번거롭게 해드려서 미안합니다"라고 사과했다. 내가 미운데도 분노의 화살을 나에게 쏘지 못하고 자신의 게으름을 탓했다 (turning against self).

나에 대한 분노는 다른 형태로 표현되었다. 즉 다음 날 결석을 해 버린 것이다. 내가 자기를 분석실에서 쫓아낸 것처럼 이번에는 자신이 결석함으로써 나를 분석에서 밀어낸 것이었다. 하나의 은밀한 보복이었다. 분노를 느낄 때 적절하게 처리하지 못하고 이런 식으로 간접적으로 처리하는 것이 사실 그녀의 중요한 문제였다. 이것이 친근한 관계를 방해하는 중요한 비의식적 원인 중 하나였다. 이것을 이해하게 된 것은 수확이었다. 만일 그날 그녀가 늦게 왔을 때 "늦었지만 기왕 여기까지 오셨으니 분석을 시작합시다"라고 했더라면 이런 중요한 비의식 경험을 놓쳤을 것이다. 그래서 정신분석에서는 치료적 계약을 '분석의 틀'(setting)이라고 부르며 신성시할 정도로 이를 지킨다.

분석비 계약도 중요하다. 분석비는 나라마다 다른데 미국의 경우는 1회에 대략 200달러에서 300달러를 받는다. 분석비는 분석가와 피분석자가 상의해서 정한다. 너무 비싼 분석비는 분석에 방해가 된다. 자학적인 피분석자는 분석비를 자기 형편에 맞지 않게 너무 비싸게 정해 놓는다. 그리고 빚에 빠진다. 그러면 분석가가 자기를 빚쟁이로 만든 셈이 되어 무의식적으로 분석가를 착취자나 파괴자로 여기게 된다. 너무 싼 분석비도 문제를 일으킨다. 분석을 '싸구려'로 무시하게 될 수가 있다. 어떤 사람은 분석가에게 늘 빚진 기분이 되어 불편해하기도 한다. 한 여성은 자기 분석비가 너무 싸서 분석가에게 빚을 지고 있다고 느꼈다. 이렇게 빚이 쌓이면 어느 날 분석가가 자기의 육체를 요구할지도 모른다는 터무니없는 상상을 했다.

Ms A도 자기 분석비가 너무 싸다고 생각했다. 분석비를 너무 적게 지불하기 때문에 내가 자기를 가난뱅이라고 무시할 것이라고 생각했다. 나에게 죄책감까지 느꼈다.

그녀는 '자기가 내 시간을 빼앗지 않으면 내가 그 시간에 돈 많은 다른 환자를 볼 수 있을 텐데…'라며 나에게 자신이 내 시간을 빼앗는 것을 미안하게 생각했다. 그래서 내가 짜증을 내는 상상도 자주 했다. 자신을 부잣집에 놀러 온 가난뱅이 아이 같다고도 했다. 그러나 그녀는 나와 분석비에 대해서 분명한 계약을 했다. 그래서 자신에게 당당한 권리가 있다는 것을 알고 있었다.

그럼에도 불구하고 왜 이런 죄책감과 부채감을 느끼는 것일까? 이 부담감을 분석하는 과정에서 그녀는 자기 비의식에 숨어 있던 또 하나의 사실을 이해하게 되었다. 이는 그녀가 사람들에게 친밀함을 느끼지 못하는 이유와도 관계가 있었는데, 그녀는 사람들과 만나면 항상 자신도 모르게 뭔가 빚진 듯한 느낌을 받았다. 상대방이 자기에게 뭔가를 요구하는 기분이 드는 것이다. 그리고 빚진 사람처럼 그 요구에 응해야 할 것만 같았다. 상대를 기쁘게 해 줘야 할 것 같고, 편하게 해 줘야 할 것 같은 마음이 드는 것이다. 상대방의 기대를 만족시켜야 할 것 같았다. 그렇게 하지 못하면 상대방이 실망하고 짜증 낼 것 같았다. "뭐 이런 사람이 다 있어, 재수 없이…" 하면서 자기에게 등을 돌릴 것 같다. 수치심과 절망감을 예상하고 그녀는 두려워서 움츠러들었다. 그래서 마음 편하게 친밀한 관계를 형성할 수가 없었다.

그녀의 인간관계는 항상 '요구하는 자'와 '요구당하는 자'의 관계였다. 늘 채권자와 채무자의 관계를 설정했다. 독촉하는 빚쟁이와 친해질 수 있는 사람은 없다. 그 후 분석 과정에서도 이 문제는 반복해서 다양한 형태로 나타났다. 분석 시간에 분석비에 대한 감정을 분석하면서 그녀는 이런 자신의 비의식을 이해했다. 그래서 분석비를 정하는 과정이 중요하다.

또 한 가지 중요한 계약사항은 분석 시간에 결석해도 분석비는 지불해야 한다는 것이다. "분석을 받지도 않았는데 분석비를 지불합니까?"라고 의아해할 수도 있지만 이렇게 하는 이유가 있다. 앞서 설명했지만 저항 때문이다. 분석을 받다 보면 저항에 부딪혀서 분석실에 오고 싶지 않을 때가 생긴다. 자아는 비의식에서 그럴듯한 구실을 만들어 낸다. 그러나 "분석을 받으러 가지 않아도 분석비를 지불해야 하는데…"라는 생각이 들면 분석비가 아까워서라도 분석을 받으러 오게 된다. 분석비가 저항을 극복하는 것을 돕는 하나의 비의식적 안전장치라고 할 수 있다. 물론 피치 못할 사정이 있을 때는 전화로 약속을 취

소할 수 있다. 후에 이 피치 못할 사정도 분석한다. 나는
피분석자가 연락 없이 나타나지 않을 때면 약속시간인
45분간 내 방에서 기다린다.

동서양을 막론하고 돈 얘기는 어렵다. 그래서 초보자들
은 분석비 책정을 애매하게 한다. 그러나 분석비 책정이
애매한 경우 분석은 대부분 실패로 끝난다. 그리고 분석
비는 분석가에게 직접 지불하는 것이 좋다. 분석비를 지
불할 때 비의식을 드러내는 행동이 나오기 때문이다. 예
컨대 Ms A는 분석비를 지불하는 날 깜박 잊고 그냥 왔다.
그녀는 몹시 당황했고 죄송하다고 사과했다. 그런데 다음
날 또 잊었다. 이렇게 반복되는 행동에는 숨겨진 이유가
있었다. 그녀는 나에게 분석비를 지불하는 것이 싫었던
것이다. 비의식에서 나를 아버지로 보고 있었기 때문이
다. 아버지로의 전이(轉移)*였다. 돈을 주고받는다는 것은
상업적인 행동이다. 그런 관계는 업무 관계이다. 아버지
와 딸 사이는 이런 상업적 행동이 부자연스럽다. 오히려
딸은 아버지에게 용돈을 받는다. 그녀의 마음속의 아이는

---

* 전이(transference): 분석가를 자기 마음속의 어떤 인물로 착각하는 것. 아버
  지 전이가 일어났을 때는 분석가를 대할 때마다 자기도 모르게 어릴 때 아버지
  에게 느꼈던 감정이 일어난다.

"아버지, 우리는 돈을 주고받는 그런 사이가 아니잖아요. 아버지가 내게 시간을 내주셨다고 내가 돈을 드린다면 그건 너무 어색해요. 난 그러기 싫어요"라고 말하고 있었다. 이것이 그녀가 분석비를 가져오는 걸 잊어버린 이유였다.

분석비 지불 태도가 분석가에 대한 감정을 보여 주기도 한다. 예컨대 분석 중에 분석가가 미워질 때도 있다. 분석가를 자기 마음속의 미운 사람으로 보기 때문이다. 그럴 때는 분석가를 공격하고 싶어져서 분석가에게 모욕적인 행동을 한다. 그동안에는 깨끗한 봉투에 신권을 담아서 정성스럽게 분석비를 지불하던 피분석자가 어느 날 바지 호주머니 여기저기서 구겨진 돈을 몇 장씩 꺼내 놓는다면 분석가들은 부정적 전이를 의심한다. '나를 미운 그 누구로 보고 있구나' 하고 생각한다. 이때는 분석가에게 불평도 많이 한다. "방이 왜 이렇게 추워요?", "왜 전화기를 미리 꺼 놓지 않는 거예요?" 그리고 비난도 한다. "벌써 몇 달째 분석을 받고 있는데 아무것도 달라진 게 없어요. 선생님, 정말 나 같은 사람을 분석해 본 경험은 있는 거예요?" 다른 치료자와 비교도 한다. "내 친구는 상담자에게 치료받고 있는데 너무 재미있대요. 그런데 나는 지금 무얼 하고 있는지 모르겠어요." 남의 말을 빌려서 분석가를 욕하기도 한다. 예컨대 "언니가 어제 치과에 갔었는데 치과 의사가 불친절하고 너무나 함부로 치료를 해서 몹시 아팠대요. 그리고 치료비는 또 얼마나 비싼지 대판 싸우고 왔대요." 치과와 분석실은 둘 다 누워서 치료를 받는다. 치과 의사와 분석가는 둘 다 흰 가운을 입고 있다. 언니가 욕하는 치과 의사는 바로 분석가다. 그녀의 마음속 아이는 분석가에게 "당신은 나를 부드럽게 돌봐 주지 않았어요. 당신 때문에 마음이 아파요. 그러고도 당신은 내게 턱없이 비싼 분석비를 요구하고 있군요. 나는 억울하고 화가 나요"라고 말하고 있었다. 이럴 때는 분석가도 괴롭다. 그러나 분석가는 이런 증오심이 누구를 향한 것인지 알기 때문에 잘 대응할 수 있다.

자유연상으로 진행되는 분석

서너 번의 예비 면담을 통해서 피분석자의 여러 가지 조건이 분석에 적당하다고 생각되면 분석가는 분석에 대해서 설명해 주고 피분석자가 이에 동의하면 계약을 맺고 분석을 시작한다. 나는 Ms A에게 정신분석이 무엇인지 간략하게 설명해 주었다. "말씀을 듣고 어떤 어려움을 겪고 계신지 잘 이해하게 됐습니다. 내가 정확히 이해했다면, 당신은 대인관계에서 이유도 모른 채 두려움을 경험하시는 것 같습니다. 아마도 거기에는 그럴 만한 이유가 있을 것 같습니다. 이유가 있어도 비의식에 숨어 있으면 보이지 않지요. 그걸 찾아 이해하고 갈등을 푸는 과정이 정신분석 과정이라고 할 수 있습니다. 어떻습니까, 한번 시도해 보시겠습니까?"라고 말했다. 그녀는 동의했고 계약도 했다.

분석 첫날, 나는 그녀에게 분석을 어떻게 하는지 정신분석의 기법에 대해서 가르쳐 주었다. 경험이 없는 그녀로서는 자신이 무엇을 해야 하는지 모르고 당황할 수도 있어 분석방법을 가르쳐 줄 필요가 있었다. 분석의 기법은 '자유연상기법'(free association technique)이다. 나는 보통 이렇게 설명해 준다. "여기 오셔서 마음속에 떠오르는 생각을 무엇이나 편하게 말씀하시면 됩니다. 말씀하기 부끄럽거나 혹은 시시하다고 생각되는 것이 있을 수도 있습니다. 그러나 되도록 솔직하게 다 말씀하시는 것이 분석에 도움이 됩니다." 이렇게 떠오르는 생각을 말하다 보면 비의식이 의식 표면으로 떠오른다. 프로이트 박사는 자기 피분석자에게 자유연상에 대해서 이렇게 설명했다.

"당신이 나와 함께 기차를 타고 여행을 한다고 합시다. 당신은 창가에 앉아 있고 나는 안쪽에 있습니다. 당신은 창밖으로 지나가는 풍경들을 볼 수 있겠지요. 그렇게 보이는 풍경들을 나에게 얘기하듯이 당신의 마음속에 떠오르는 것들을 무엇이나 자유롭게 얘기하십시오. 순서도 방향도 필요 없고, 수치심 때문에 억제할 필요도 없습니다."

자유연상에 대해서 프로이트 박사는 그의 자서전(1925)에서 이렇게 쓰기도 했다.

"떠오르는 생각에 자신을 맡긴다. 다시 말하면 의도적인 목적 없이 카우치에 누웠을 때 떠오르는 것을 말하게 한다. 떠오르는 것을 모두 말해야 한다. 중요한 것이 아니라거나, 관련이 없다거나, 의미가 전혀 없다거나 하는 판단으로 떠오르는 생각을 제거하지 말아야 한다. 비판을 가해서는 안 된다. 당연히 솔직할 것을 요구해야 한다. 솔직함은 분석치료의 기본 전제이다."

그래서 내가 샌디에이고에서 개인분석을 받을 때 가장 많이 떠오른 두 단어가 '정직'과 '용기'였다. 아무리 치료를 위해서라지만 분석가도 타인인데, 타인 앞에서 자기의 속이야기를 솔직하게 털어놓기란 쉽지 않은 일이다. 분석가의 비난이나 평가가 의식되어 피하고 싶어진다. 연상도 영향을 받는다. 말은 자유연상이지만 처음부터 그렇게 자유로운 것이 아니다. 그래도 분석을 받다 보면 분석가를 신뢰하게 되고 자유연상도 점차 익숙해진다.

Ms A의 분석이 시작되었다. 정통 정신분석(classical psychoanalysis)이었다. 1주일에 4회 만나고 카우치에 누워서 자유연상을 하는 분석이었다. 분석 시간은 45분이었다. 이렇게 분석은 그 후 3년간 계속되었다. 첫 시간에 Ms A는 열심히 공부하는 학생처럼 나의 설명을 들었다. 메모라도 하고 싶은 것 같았다. 그 후 그녀는 분석 시간에 모범 답안을 작성하려는 수험생처럼 자유연상을 모범적으로 하려고 노력했다. 그리고 자신 없는 말투로 자주 나에게 "이렇게 하면 되나요? 제가 잘하고 있는 건가요?"라고 물었다. 나도 그렇지만 정신분석가들은 그 누구도 모범 답안을 요구하지 않는다. 그러나 그녀의 내면세계에서는 '모범 답안을 써야 한다. 그렇지 않으면 선생님이 실망하고 화를 내실 거야'라는 생각이 그녀를 괴롭혔다. 연상은 자꾸 막히고 침묵이 흐르는 시간도 있었다. 그럴수록 그녀는 더욱 내 눈치를 보았고 자신의 무능을 부끄러워하며 한탄했다. 그녀의 내면의 극장(inner theater)에서 내 역할은 모범 답안을 요구하는 엄한 선생님이고 그녀의 역할은 시험 준비가 덜 된 수험생이었다. 나는 이 마음의 현실을 설명해 주었다. 이런 과정이 그녀의 분석 과정 중 반복되었다.

그녀가 자주 꾸는 꿈이 있었다. 도서관이다. 시험 보는 날이다. 다른 친구들은 모두 열심히 공부하고 있는데 자기는 자리도 없다. 게다가 자기는 시험 준비를 하나도 못하고 왔다. '큰일 났다. 시험을 어떻게 보나' 하며 당황하고 안절부절못하다가 잠이 깬다. 이 꿈은 그녀의 심리적 현실을 보여 준다. 그녀의 마음속에는 엄한 선생님이 살고 있다. 그리고 그녀는 그 사람 앞에서 항상 쩔쩔매고 있다. 그녀는 항상 불량품이고 함량 미달이다. 이것이 그녀의 심리적 현실이었다.

카우치 이야기

분석 첫날 Ms A는 카우치에 눕기가 두렵다고 했다. 카우치에 눕는 것을 생각만 해도 긴장된다고 했다. 나는 강요하지 않았다. 수 주가 지난 후 그녀는 자기가 카우치에 누워도 되겠냐고 물었다. 나는 원한다면 누워도 좋다고 했다. 그러나 막상 카우치에 눕자 그녀는 몹시 긴장했다. 두통이 올 정도였다. 나를 볼 수 없어 아주 불편하다고 말했다. 자신이 하는 말에 내가 어떤 반응을 하는지 확인할 수 없기 때문이었다. 내가 그녀를 비난할 것 같다고 느꼈다. "형편없는 환자로군. 분석에 적당치 못해. 지금 그만두는 게 낫겠어." 그녀의 비의식에서 나는 그녀를 비난하는 비난자가 되어 있었고, 그녀는 무능하고 부적당한 못난이였다. 이 못난이는 멸시와 천대를 피하기 위해서 상대의 눈치를 살펴야 한다. 적절히 대처해야 하기 때문이다.

그러나 카우치에 누운 그녀는 나를 볼 수 없으니 내 눈치를 살필 수 없었다. 그래서 그녀는 불안했다. 눈을 가리고 상대를 보지 못하는 상태에서 싸우는 무사와 같았다. 긴장이 고조되고 두통이 왔다. 그녀는 처음부터 이것을 예상하고 카우치를 거부했던 것이다. 그러나 그녀 생각에 내가 카우치를 거부하는 그녀를 싫어할 것 같았다. 카우치를 거부하는 그녀를 '부적당한 환자'로 취급할 것 같았다. 카우치에 눕겠다고 했던 것은 그곳에 눕기가 불안했지만 나의 비위를 맞추기 위해서였던 것이다. 나에게 '착한 환자'(good patient)로 인정받고 싶은 마음이 있었다. 물론 마음 한편에 '분석을 제대로 받으려면 카우치에 눕는 게 좋겠다'는 합리적인 생각도 있었다. 카우치에 눕는 것은 단순한 행동이지만, 분석 상황에서는 이렇게 그녀의 내면세계를 보여 주고 있었다.

카우치는 많은 이야기를 가지고 있다. 처음 카우치에 누운 피분석자들은 누운 자세에서 발을 움직여도 되는지, 손을 어디다 어떻게 둬야 하는지 신경을 쓴다. 내가 보이지 않으니까 갑자기 혼자 버려진 것 같은 막막한 기분이 들기도 한다. 망망대해에 혼자 떠 있는 배 같은 느낌이라고나 할까. 그래서 어떤 사람은 고개를 돌려 나를 확인하기도 한다. 그러나 대부분의 피분석자들은 감히 고개를 돌려 나를 쳐다볼 엄두를 내지 못한다. 어떤 사람은 마치 신하가 감히 왕의 용안을 올려다보는 것 같은 두려움을 느꼈다고 했다.

나 자신도 개인 분석을 받을 때 카우치에서 이런 기분

을 느꼈다. 어느새 나의 분석가가 아주 권위 있고 두려운 대상이 되었다. 분석가가 내 마음속의 대상으로 보였던 것이다. 나는 카우치에 눕는 행동이 분석가에게 항복하는 일 같아서 힘들었다. 카우치의 베개가 낮을수록 더 자기를 내려놓게 된다. 그래서 카우치에 누워 손으로 머리를 괴기도 했다. 조금이라도 머리를 높여 보기 위해서였다. 머리 위치가 낮아질수록 내가 더 낮아지는 것이었다. 나는 분석가와 힘겨루기를 했는데, 전이 행동이었다.

카우치를 사용하는 중요한 이유 중 하나는 퇴행을 조장하기 위해서이다. 카우치에 눕게 되면 퇴행이 일어난다. '퇴행'(regression)이란 현재 나이에서 후퇴해서 더 어려지는 것을 말한다. 어른들은 자기를 꾸미고 합리화하는 자기 위장(僞裝)을 잘한다. 그러나 아이들은 위장이 별로 없다. 그리고 어려져야 어릴 때 기억이 잘 난다. 분석에 적합한 사람들은 카우치에 누웠을 때는 퇴행하여 어린아이처럼 느끼고 생각하지만 카우치에서 일어나자마자 곧 본래의 어른으로 돌아간다. 정신분석에서는 '자아의 조절 하에서 일어나는 퇴행'(regression in the service of ego)이라고 말한다. Ms A는 긴장을 많이 해서 분석 중 상당 기간 퇴행이 어려웠다. 하지만 퇴행이 잘 일어나는 사람들도 있다.

한 젊은 부인이 그런 경우였다. 어느 날 분석 시간이 끝나고 카우치에서 일어나려는데 몸이 카우치에 붙어서 떨어지지 않았다. 그녀는 몹시 당황했다. 쇠붙이가 자석에 붙은 것 같다고 했다. 쇠붙이를 자석에서 떼듯이 몸을 카우치의 한 편부터 떼고 다음에 다른 편을 뗀 후에야 겨우 일어날 수 있었다. 전이 행동이었다. 당시 그녀는 나를 어머니로 보는 어머니 전이가 생겼다. 따뜻하고 부드러운 어머니 전이였다. 다른 피분석자들도 남성인 나에게 어머니 전이가 생긴다. 비의식은 이렇게 현실감이 없다. 실제 그녀의 어머니는 쌀쌀하고 무관심한 사람이었다. 어릴 때 그녀를 버리기도 했다. 카우치는 나의 품이었고 그녀는 그 품에서 떨어지지 못했다. 어머니의 품에서 떨어지지 못하는 아이가 작용하고 있었다. 그녀는 아이로 퇴행했다. 이것이 전이해석으로 이해되자 자석현상은 두세 번 더 나타나다가 사라졌다. 그 후 그녀는 카우치에서 자연스럽게 일어났다.

카우치에 누워서 잠을 자는 사람도 있다. 분석 시간에 카우치에 누워서 늘 잠이 드는 여성이 있었다. 처음에는 단순한 저항으로 보았으나 점차로 그게 아니고 어릴 때 경험을 재현하고 있다는 것을 알게 되었다. 그녀는 어릴 때 방문 밖에 아버지가 계신 것을 상상하며 잠들었던 것을 회상했다. 분석가에 대해 아버지 전이가 생겼고, 카우치에 누울 때는 아버지 곁에서 잠드는 어린 딸로 돌아갔던 것이다. 분석 시간에는 어린 시절에 관해 말해야 하는데, 말로 표현하는 대신에 잠드는 행동으로 상황을 재현하고 있었다.

카우치 사건을 통해서 Ms A의 내적 갈등도 모습을 드러내기 시작했다. '무능한 못난이와 이 못난이를 멸시하고 천대하는 비난자'가 그녀의 비의식에 살고 있었다. 비의식에서 그녀는 못난이였다. 물론 실제의 그녀는 똑똑하고 유능한 전문직 여성이었지만 주관적으로 느끼는 자신은 초라한 못난이였다. 그리고 나는 그녀를 무시하는 비판자였다. 분석가인 내가 그런 인물이 아니라는 것을 그녀는 잘 안다. 그런 인물로 알았다면 애초에 분석을 시작하지도 않았을 것이다. 나는 그녀를 이해해 주고 돕는 분석가였다. 그녀도 이 사실을 잘 알지만 문득문득 내가 비정한 비판자로 느껴졌다. 특히 카우치에 누웠을 때나 나를 볼 수 없을 때 그런 느낌이 심했다. 현실의 나를 볼 수 없을 때 마음속의 나를 만나기 때문이다.

'못난이 아이덴티티', '무시당하고 버림받을까 봐(fear of

abandon) 눈치 보는 못난이.' 이것이 그녀 마음의 현실이었다. 초조하고 불행한 현실이었다. 초라하고 억울한 심리적 현실이었다. 그래서 모든 대인관계가 편치 못했던 것이다. 분석 시간에도 그녀는 자기가 못난이가 아니라는 것을 인정받아야만 했다. 마치 이렇게 말하는 것 같았다. "선생님, 저는 못난이가 아니에요. 저를 보세요. 이렇게 분석도 잘 받고 있고, 시간도 잘 지키잖아요. 저를 무시하지 말아 주세요. 저를 버리지 말아 주세요." 그녀는 정말 착한(?) 환자였다. 예의 바르고 시간도 잘 지켰다. 저항 단계를 제외하고는 분석비도 정확한 날짜에 깨끗한 봉투에 담아서 공손히 지불했다. 카우치에 누워서 떠오르는 생각도 비교적 잘 전달했다.

"그대로의 나로 있어도 편했어요"

버림받는 꿈

분석이 3개월쯤 진행된 어느 날 그녀가 꿈을 꾸었다. 꿈은 비의식을 보여 주는 좋은 창문이다. Ms A의 꿈도 그녀의 비의식을 아주 흥미롭게 보여 주었다. 꿈에서 그녀가 내 분석실에 도착했는데 방문이 잠겨 있었다. "웬일이지?" 그녀는 당황했다. 그리고 곧 깨달았다. '선생님이 나를 보기 싫어하시는구나.' 너무 서러웠다. 복도에 주저앉아 통곡하며 울었다. 울다가 자기 울음소리에 놀라 잠에서 깼다. 잠에서 깼는데도 마음이 진정되지 않고 불안했다. 하루 종일 일이 손에 잡히지 않고 마음이 뒤숭숭했다. 분석 시간에도 그녀는 마음이 불안했다. 나는 그녀에게 "꿈에서 제 방문이 잠겨 있어서 많이 실망하신 것 같습니다. 혹 이와 관련해서 떠오르는 생각이 있나요?"라고 물으며 꿈에 대해 연상하도록 도왔다.

그녀는 두 가지 이야기를 했다. "이제 보니 제가 그 꿈을 꾼 날이 휴일이었어요. 분석을 쉬는 날이었지요. 분석이 없으니 시간 여유도 있고 좋았는데 한편으로는 허전하기도 했어요. 그리고 또 한 가지 방금 생각난 것인데 며칠 전에 선생님을 서점 앞에서 뵈었어요. 먼발치에서 뵈었지만 참 멋있어 보였어요. 제 쪽을 봐 주기를 바랐는데 그냥 가 버리셨어요. 좀 섭섭했어요. 이런 말을 하는 제가 애 같아서 창피하네요."

나는 그녀의 연상을 종합하여 꿈을 해석해 주었다. "서점 앞에서 당신의 마음속 아이는 자기 쪽을 봐 주지 않는 나에게 실망했던 것 같습니다. 외면당하고 버림받은 느낌을 받았나 봅니다. 그리고 어제는 휴일이어서 분석을 쉬게 되었는데, 마음속 아이는 내가 서점 앞에서 그랬던 것처럼 당신을 외면한다고 생각했던 것 같습니다. 물론 어른인 당신은 어제는 단지 휴일이기 때문에 쉬었을 뿐이라는 것을 잘 알고 있었지만 마음속 아이의 감정은 그게 아니었나 봅니다." 그녀의 꿈은 마음속의 못난이가 나에게 버림받고 복도에 앉아 통곡하는 꿈이었다. 꿈이 해석되고 분석 시간이 끝날 때쯤 그녀는 다시 안정을 되찾았다. 나에게 버림받지 않았다는 안도감을 느끼는 것 같았다. "지금 제 자신의 과거가 많이 떠오르네요. 그리고 비의식이 참 신기하다는 생각도 들어요."

그러나 그날 이후에도 '버림받는 두려움' 문제는 오랫동안 반복해서 나타났다. 그녀가 사람들과 친해지지 못하는 이유도 이 두려움 때문이었다. 그녀는 이유 없이 사람을 만날 때마다 긴장했다. 그때마다 상대의 기분을 맞추려고 노력하고 있는 자신이 있었다. '이분은 나에게 기대가 클 거야. 그러나 내가 그 정도 인물이 못 된다는 걸 알게 되면 실망할 거야. 부족한 사람이라고 속으로 비웃겠지.' 이런 상상은 그녀를 처참한 기분에 빠지게 했다. 그래서 그녀는 최선을 다해서 상대의 기대를 만족시키려고 노력했다.

실제로 상대가 그렇게 요구하는 것도 아니고 그렇게 인정받아야 할 만큼 중요한 인물도 아닌데 사람을 만날 때마다 그녀는 자기도 모르게 긴장하고 상대의 눈치를 살폈다. '이분은 나에게 무얼 기대하고 있을까? 침묵이 흐르면 안 돼. 지루하게 해서도 안 돼. 무식하게 보여서도 안 돼. 염치없는 사람으로 보여서도 안 돼. 명랑하고 교양 있게 행동해야지.' 이는 마치 빚 독촉을 받는 채무자의 심정 같다. 그것도 지지도 않은 빚을 독촉받고 있는 것이다. 불행하고 억울한 일이었다. 그런데 지금까지 이런 과정이 자기가 의식할 수 없는 비의식에서 진행됐기 때문에 그녀는 그 이유를 알 수 없었다. 사람을 만나면 긴장되어 거리를 두어야 편하고, 마음은 늘 쫓기듯 바빴다. 친밀한 관계를 만들 수가 없었다. 그리고 문득문득 찾아오는 고독감은 두려운 느낌까지 주었다. 그러나 그 이유를 알 수 없었다. 분석이 진행되면서 숨겨진 이유가 서서히 드러나기 시작했다.

그녀가 자신을 못난이로 평가하는 '못난이 아이덴티티'를 갖게 된 데는 이유가 있었다. 그 중심에는 아버지가 있었다. 그녀가 태어났을 때 아버지는 실망이 컸다고 한다. 아들이 아니고 딸이었기 때문이다. 실망한 아버지가 수일간 집에 들어오지도 않았다고 들었다. 그러나 남동생이 태어났을 때 아버지의 태도는 전혀 딴판이었다. 그녀가 네 살 때 남동생이 태어났는데 아버지는 싱글벙글 좋아서 어쩔 줄을 몰라 했다. 그녀는 한 가지 생생한 기억을 갖고 있었다. 아버지가 부엌에서 음식을 만들고 어머니는 방안에서 갓 태어난 남동생을 안고 있다가 두 분이 서로 마주보며 웃는 장면이었다. 이 기억은 이상하게도 어제 일처럼 생생했다. 그때 그녀는 소외감을 느꼈다. 버림받은 느낌이었다. 아들이 아니라는 이유로 그녀는 부모의 관심 밖으로 밀려났던 것이다. 이 기억은 이상하게도 어제 일처럼 생생했다.

남성 성기가 없다는 이유로 결함 있는 못난이 취급을 받았다. '고추 없는 못난이'가 열등감의 출발이었다. 어린 그녀가 아버지의 관심을 끌기 위해서는 남성 성기가 필요했다. 그래서 그녀는 어릴 때 남자아이처럼 놀았다. 골목대장이었던 그녀에게 남자아이들이 쩔쩔맸다. 그녀는 남동생의 강력한 보호자이기도 해서 아무도 동생을 건드리지 못했다. 동생을 때린 아이를 찾아가 몽둥이로 응징하기도 했다. '동생을 보호해 주면 아버지가 좋아하시겠지.' 동생의 보호자로서 남성처럼 행동하는 것은 아버지의 칭찬을 듣는 방법 중 하나였고, 남성이 되고 싶은 욕구, 즉 남성 성기에 대한 선망(penis envy)도 작용하고 있었다.

실제로 그녀는 고등학교를 다닐 때까지 운동기구로 근육을 만들었다. 건강을 위해서라고 생각했지만 남성다움에 대한 부러움 때문이었다. 화장도 결혼식 날 처음으로 해 봤다. 아무도 믿지 않았지만 사실이었다. 스커트는 불편해서 입을 수 없었다. 사실은 여성성을 상징하는 스커트를 기피했던 것이다. 그녀는 여성성을 억압했다. 그래서 남학생들에게 거의 성적 매력을 느끼지 못했다. 결혼도 했고 아들도 낳았지만 남편이 매력적이어서 결혼한 것이 아니라 사람이 순하고 성실해서 선택했다고 한다.

그녀는 공부를 아주 잘했다. 거의 일등을 놓치지 않았다. 그녀에 비해서 동생은 늘 뒤처졌다. 선생님들이 "네 누나는 공부를 잘하는데 너는 왜 이 모양이니? 친동생 맞니?"라고 나무란다며 동생이 불평하곤 했다. 그런 말을 들을 때면 그녀는 내심 기분이 좋았다. 라이벌을 이긴 승리감을 맛보았다. 실제로 그녀의 동생은 공부도 못했고 문제아였다. 동생은 갖고 싶은 것을 다 가지려 했고 부모님은 무리할 정도로 다 사 주셨다. 반면에 그녀는 단 한 번도 부모에게 자기가 갖고 싶은 것을 사 달라고 요구한 적이 없었다. 그녀가 부모에게 항상 하는 말은 "저는 괜찮아요. 혼자서도 잘할 수 있어요"였다. 장학금을 받으면 부모님께 선물했다. 아버지는 학부모회의 때마다 꼭 참석했다. 학부형 회의에 참석하면 만나는 선생님마다 "○○ 아버지시죠? 아니, 어떻게 그렇게 영리한 따님을 두셨습니까? 정말 우수한 아이입니다. 자랑스러우시겠어요"라고 그녀를 칭찬했다. 아버지는 어깨가 으쓱해졌고 그 기분을 맛보려고 학부모 회의에 빠지지 않고 참석하셨다.

그녀가 일류대학에 합격했을 때 아버지는 기뻐하며 악수를 청했다. 그때 그녀의 마음속에 한 가지 생각이 지나갔다. 이모에게 들었던 이야기이다. 그녀가 세네 살 때 빨래하러 간 엄마를 찾으며 울자 아버지가 달랬다. 그래도 울음을 그치지 않으니까 아버지는 화를 내며 "이 애

내다 버려"라고 고함을 쳤다고 했다. 일류대학에 합격하고 아버지가 악수를 청하는 감격스러운 순간에 왜 이런 섭섭한 기억이 떠올랐을까? 그녀로서는 이해가 안 되는 일이었다.

그러나 아버지에게 버림받는 두려움은 그녀의 인생을 지배하는 내적 갈등이었다. 그녀가 여성성을 억압하고 남자 역할을 한 것도 열심히 공부하여 동생을 이기고 아버지의 칭찬을 들으려 노력한 것도 모두 '버림받는 두려움'과 관련이 있었다. 칭찬이 좋아서라기보다는 버림받지 않기 위한 노력이었다. 그리고 이 두려움은 아버지 이외의 다른 대인관계에서도 작용했다. 특히 분석 시간에 나와 맺는 관계에서 두드러지게 나타났다.

한숨 쉬는 나에 대한 분노

어느 날 그녀는 자기가 카우치에 누워서 말하고 있을 때 내가 한숨을 쉬었다고 했다. 그런데 보통 한숨이 아니고 '참 한심하다'는 듯이 한숨을 쉬었다며 몹시 괴로워했다. 나는 그렇게 한숨을 쉰 기억이 없었다. 그러나 그녀는 내 한숨 때문에 우울증에 빠졌다. '나같이 못나고 한심한 것이 분석을 받는다고 달라지겠나'라며 자기를 비난하고 자책했다. 무기력증에 빠진 것이다. 잠도 못 잤다. 만사가 귀찮아졌다고 했다. 자기도 모르게 냉장고를 자꾸 열어 무언가를 먹게 되었다. 남편이 "당신 왜 그래?"라고 물어볼 정도로 자주 냉장고를 열었다. 먹고 또 먹어도 배는 부르지 않고 허전했다. 자기를 못난이 취급하는 내가 원망스럽기도 했지만 그런 마음을 표현할 수는 없었다. 잠 못 이루는 밤에 어둠 속에서 혼자 허공을 응시하다가 무섬증에 빠지기도 했다. 그녀는 중증의 우울 상태였다. 버림받은 아이가 된 것이었다.

그러나 그녀 자신도 자기 상태를 이해할 수가 없어 답답하다고 했다. 나는 그녀가 이 어려운 고비를 잘 넘겨 주기를 바랐고, 그래 주리라는 믿음도 있었지만 그래도 걱정스러웠다. 이렇게 힘든 시간이 수 주가 흘렀다. 그녀는 아무래도 너무 힘들어서 분석을 중단해야 할 것 같다고 했다. 나는 안타까웠다. 그렇다고 "나는 당신을 한심하다고 생각하지 않습니다"라고 말할 수도 없었다. 그렇게 말한다면 그건 분석이 아니다. 그렇게 하면 교육이 되어 버린다. 우리의 관계는 분석가와 피분석자가 아니라 교사와 학생의 관계로 변질되고 만다. 나는 권위를 가지고 가르치는 교사가 되고 그녀는 노트 필기를 하며 배우는 학생의 자리로 돌아간다. 그녀는 자신의 비의식 탐구를 멈추고 나의 가르침을 수동적으로 따르려고 할 것이다. 비의식 탐구가 두려울 때 흔히 사용하는 도피 방법이다. 정신분석에서는 이를 '지식화'(intellectualization)라고 부른다.

비의식이 의식으로 떠오를 때는 생각과 함께 감정이 같이 올라온다. 어떤 사건과 함께 그때 느꼈던 감정을 동시에 느끼는 것이 정상적인 연상 과정이다. 그러나 감정은 사람을 부담스럽게 한다. 예컨대 분석가의 한숨 쉬는 소리를 듣고 화가 났을 때 분노를 느끼는 것이 부담스러울 수가 있다. 그럴 때 분노의 감정을 빼 버리고 한숨 이야기만 한다면 지식화의 방어를 쓰고 있는 것이다. 많은 사람들이 지식화의 방어를 사용한다. 특히 머리 좋고 영리한 사람들이 많이 사용한다. 그러나 분석 시간에 이것을 자주 사용하면 분석이 안 된다. 사건만 나열하고 그에 따른 감정이 나오지 못하기 때문에 시간만 흐를 뿐 분석이 진행되지 못한다.

지식의 습득만으로는 정신적 변화를 가져올 수 없다. 만약 지식의 습득만으로 정신적 변화를 가져올 수 있다면 분석은 아주 쉬워진다. 오래 걸릴 것도 없이 "당신의 문제는 이것입니다"라고 정의해 주면 끝난다. 이런 경우 치료자가 권위적일수록 환자는 그가 제시하는 문제를 자신의 문제로 수용하게 된다. "선생님 말씀이 옳아요. 그게 내 문제였어요. 선생님은 역시 대가이십니다." 이런 식으로 대가 행세를 하는 사람들이 정신분석을 오염시킨다. 물론 이런 방식으로 도움받는 사람도 있으리라 생각한다. 그러나 문제를 아는 것과 마음이 변하고 행동이 변하는 것은 다르다. 변화를 위해서는 당시 감정의 경험과 비의식의 생생한 체험이 필요하다. 그것도 반복적으로 체험해야 변화가 일어난다. 분석을 수년간 받았어도 전혀 진전이 없다면 지식화를 하고 있는 것은 아닌지 고려해 봐야 한다. 감정을 느낄 수 있어야 전이가 일어나고 체험을 통한 치료 작용이 일어나기 때문이다.

그래서 내가 분석 시간에 많이 하는 질문 중 하나가 "그때 어떤 기분이셨습니까?"이다. 다행히 Ms A는 나의 한숨소리를 듣고 감정을 느꼈고 그 감정을 표현할 수 있었다. 지식화의 방어를 하지 않았다. 나도 그녀에게 내가 한숨을 쉬었느냐 안 쉬었느냐 사실을 묻는 질문을 하지 않았다. 그 시점에서 내가 그녀의 관심을 사실 여부로 가져

갔다면 그녀를 지식화로 유도하는 것이 된다. 만일 내가 그렇게 했다면 그 이유는 아마도 나 자신이 답답한 그 상황을 견디지 못했기 때문이었을 것이다. 분석에서는 사실 여부가 중요한 게 아니다. '내가 한숨을 쉬었느냐 아니냐'의 여부가 중요한 것이 아니다. 나의 관심은 '그녀가 나의 한숨 소리를 들었을 때 어떤 내적 경험을 했느냐'였다. '어떤 감정, 어떤 충동이나 혹은 판타지가 떠올랐느냐'가 나의 관심이었다. 이것이 분석의 핵심이다.

만일 내가 "나는 한숨 쉬지 않았는데요"라고 변명했다면 그녀는 "아니에요, 분명히 한숨을 쉬셨어요. 속이려 들지 마세요. 실망스럽네요!"라고 항변하며 나와 논쟁을 벌일 수도 있었다. 나는 그러지 않았다. 한결같이 "내가 한숨 쉰다고 느꼈을 때 어떤 기분이셨나요?"라고 물었다. 그리고 반복해서 "그런 감정을 느끼신 이유가 있을 텐데요"라고 말했다. 그녀가 자기감정을 직시하고 이해하도록 그녀의 관심을 비의식으로 초대했다.

나는 그녀에게 섣부른 해석을 해 주지도 않았다. 예컨대 내가 "당신은 내가 당신을 한심한 사람이라 생각하고 무시한다고 화가 나신 것 같습니다. 그러나 아시다시피 나는 분석가로서 당신을 무시하거나 비판하는 자리에 있는 사람이 아니지 않습니까? 당신은 나를 딸이라고 무시했던 유년기의 아버지로 보고 계신 것 같습니다"라고 말해 주었다면 이는 또 다른 지식화이다. 이 말은 그녀가 자기 탐색을 통해서 깨달은 후에 그녀의 입에서 나와야 할 말이다. 이것을 정신분석에서는 '조기 해석'(premature interpretation)이라고 한다. 나도 이런 해석을 해 주고 싶은 유혹을 느꼈지만 참고 기다렸다. 긴 침묵과 저항이 따르는, 힘든 시간이 수 주간 흘렀다.

분노가 풀리다

그러던 어느 날 그녀가 밝은 얼굴로 나타났다. 그녀가 밝아진 이유는 내가 준 스케줄 표 때문이었다. 나는 매달 말에 다음 달 약속이 기록된 스케줄 표를 준다. 그녀는 스케줄 표를 받고 내가 자신을 다음 달에도 봐 준다는 것을 알게 되었다. "다음 달에도 우리는 분석을 계속합니다"라고 쓰지는 않았다. 단지 이미 일 년 이상 매달 주던 스케줄 표를 이달에도 주었을 뿐이다. 그녀의 비의식은 이 스케줄 표에서 자기에게 필요한 정보를 뽑아냈던 것이다. 그녀는 내가 이달까지만 봐 주고 분석을 그만두자고 할 거라고 생각했다고 말했다. 그런데 다음 달 스케줄 표를 받자 안심이 되고 기뻤다. '선생님이 나를 보기 싫어하는 게 아니었어.' 그리고 검은 구름이 일시에 걷히듯이 기분이 밝아졌다. 콧노래가 나왔다. 의욕이 생겨서 오랜만에 집 안을 말끔히 정리했다. 반찬도 만들었다. 밝아진 그녀를 본 남편도 기뻐했다. 분석을 받으러 오는 길에 본 은행나무 가로수가 유난히도 노랗고 아름답게 보였다.

Ms A는 자신의 감정 변화에 놀랐다. '어떻게 우울했던 감정이 이렇게 갑자기 사라졌을까?' 그리고 이번 경험을 통해서 자신의 비의식을 분명하게 이해하게 되었다. "그동안 저는 선생님에게 버림받았다고 생각하고 우울했어요. 그런데 어제 선생님이 주신 스케줄 표를 받고 그게 아니라는 것을 확인했어요. 그리고 곧 웃음이 나왔고 기분도 밝아졌어요. 그러고 보니 그동안 저를 괴롭혔던 우울함의 원인은 선생님이었네요." 그러면서 분석가인 내가 그녀를 버리고 말고 할 이유가 전혀 없는데 자기가 나를 지나치게 의식한 것 같다고 했다. 이제 보니 누군가를 의식하고 그에게 버림받을까 봐 초조해지는 경험은 어릴 때부터 그녀에게 익숙한 것이었다. 그녀에게 이와 관련된 많은 사건들이 떠올랐다. 내 한숨에 지나치게 자극을 받은 것도 나를 아버지와 동일시했기 때문이라는 사실도 이해했다.

여기서 한 가지 밝혀 둘 것이 있다. 내가 그녀에게 스케줄 표를 준 것에 대해서다. 혹자는 그녀의 오해를 풀어 주기 위해서 내가 그 시점에 의도적으로 스케줄 표를 주었다고 생각할 수도 있다. 그러나 앞서 밝힌 대로 매달 주던 스케줄 표를 주었을 뿐이다. 나는 의도적인 행동을 하지 않았다. 오히려 매달 주던 스케줄 표를 어떤 상황 때문에 이달에 주지 않았다면 이것이야말로 의도적이고 의식적인 조종행동이다. 의도된 조작행위는 비의식 탐구를 혼란에 빠트린다. 어떤 것이 자연스럽게 비의식에서 나온 행동이고 어떤 것이 조작된 행동에 의해서 유도된 것인지 구별하기가 어렵기 때문이다. 또한 분석가인 나의 조작 의도는 비언어적으로 Ms A에게 전달된다. 이렇게 되면 그녀를 조종하려는 대상이 그녀의 비의식의 대상, 즉 전이 대상인 아버지가 아니고 현실 인물인 내가 되어 버린다. 그러면 전이는 오염되고 그녀는 혼란에 빠졌을 것이다. 그래서 분석에서 내가 지키려고 노력하는 것은 자연스러움(autonomy)과 일관성(consistency)이다. 한 번 주기 시작한 스케줄 표는 늘 준다. 처음에 계약한 내용은 변함없이 되도록이면 끝까지 그대로 유지한다. 예컨대 치료시간을 45분으로 정했으면 그대로 지킨다. 상황에 따라 50분도 하고 30분도 하는 일은 없다. 상황에 따라 이랬다저랬다 하지 않는다. 내 의도대로 피분석자를 끌고 가지도 않는다. 나는 오히려 Ms A의 뒤에서 그녀의 자유연상을 따라가는 편이다.

나의 도덕관이나 종교관을 강요하지도 않았다. 나는 크리스천이지만 그녀에게 나의 종교에 대해서 한마디도 하지 않았다. 내가 크리스천의 색깔을 보였다면 그녀는 내 종교에 빠졌거나 적대적이 되었을 것이다. 그것은 기독교의 본질과는 관계없이 나에 대한 감정에서 유래된 전이 행동이다. 그녀의 자유연상도 방해했을 것이다. 나는 도덕적 판단을 내리는 사람도 아니었다. 분석가는 도덕적 판단을 내리는 사람이 아니다.

예를 하나 들겠다. 정신분석을 받고 있던 중년의 유부남 환자가 처녀와 데이트를 하고 있었다. 그런데 그 사실을 나에게 숨기고 싶었다. 그는 분석 시간에 침묵이 많아졌다. 나에게 품은 두려움도 커졌다. 내가 그에게 화내는 상상을 자주 하고 나를 도덕적 심판자로 보았다. 그러던 어느 날 그 처녀와 성관계를 갖고 말았고, 다음 날 분석 시간에 나타나지 않았다. 그 다음 날에야 나타났다. 분석 시간에 나에게 혼외정사 이야기를 하면 벼락(?)이 떨어질 것 같았다. 그래도 그 이야기를 했다. 그러나 그의 예상과 달리 나는 그를 비난하지 않았다. 그의 감정을 탐색했을 뿐이다. 그 덕분에 분석 시간에 그는 자신이 처녀와 외도에 빠진 이유를 발견하게 되었다. 중년이 되면서 그는 늙어 가는 자신이 두려웠다. 몸도 예전 같지 않고 발기도 잘되지 않아 자신의 인생은 이제 끝났다고 생각했다. 그러다가 한 처녀를 만났다. 사춘기 첫사랑 상대와 나이도, 외모도, 고향도 똑같았다. 그녀와 같이 있으면 그는 자신이 사춘기 시절로 돌아간 듯한 착각에 빠졌다. 힘이 솟았고 회춘한 기분이었다. 내가 도덕적 처벌을 내리는 대상처럼 행동했다면 그는 자기의 착각을 발견할 수 없었을 것이다. 분석가는 심판자가 아니다. 중립적인 위치에서 비의식 탐구를 돕는 자다.

Ms A에게도 나는 자유연상을 돕는 분석가였다. 소극적으로 보이지만 그것이야말로 가장 중요한 자리매김이다. 정신분석에서는 이런 분석가의 태도를 분석가의 '중립성'(neutrality)이라고 부른다. 중립이란 아주 지키기 어려운 태도다. 분석가도 인간이기 때문에 판단하고 싶고 적극적으로 개입하고 싶어질 때도 많다. 그러나 중립성이 파괴되면(violation of neutrality) 분석은 끝장이 난다.

어느 날 Ms A는 내가 자기에게 너무 무심하다고 불평했다. 자기가 직장에서 승진했는데 내가 축하의 말을 너무 싱겁게 했다는 것이었다. 기대만큼 기뻐해 주지 않는 내가 비정해 보여 화가 나 있었다. 자기는 일 년 이상 자기의 속마음을 다 보였는데 나는 너무 차갑고 항상 거리를 두고 있다고 불평했다. 그러면서 "이건 너무 불공평해요"라고 말했다. 며칠 뒤에는 차라리 나와 일정한 거리를 둔 것이 안심되기도 한다고 했다. 그렇다. 분석가와 가지는 일정한 거리는 오히려 피분석자를 안심시켜 준다.

한 여자 피분석자가 있었다. 분석가인 나에게 성애 전이가 생겨서 나를 좋아하게 되었다. 자위행위를 할 때 나를 상상하기도 했다. 죄책감과 두려움을 느꼈다. 지각을 하고 침묵하는 시간이 늘어났다. 말을 해도 목소리가 작아서 들리지 않을 정도였다. 나는 그녀에게 "○○씨는 갈등을 느끼고 계신 것 같습니다. 한편으로는 나와 성적 관계를 갖기 원하시지만 다른 한편에서는 그렇게 되면 자신의 문제를 치료해 줄 분석가를 잃어버릴 위험이 있다고 생각하고 갈등하시는 것 같습니다"라고 말해 주었다. 그러자 그녀는 자기의 욕구와 갈등을 이해하게 되었으며 마침내 욕구도 감소되었다. 흥미로운 점은 욕구를 공개적으로 말하고 나면 욕구가 오히려 사라진다는 것이다. 욕구가 생각만 할 때같이 심각한 것도 아니고, 생각대로 될 가능성도 없다는 사실을 확인하기 때문이다. 그렇게 되면 안심하고 분석을 계속할 수 있다.

변화:
"그대로의 나로 있어도 편했어요"

스케줄 표 사건 이후 Ms A는 전보다 분석실에서 훨씬 편해 보였다. 복장도 편해졌다. 내 눈치도 덜 봤다. 그녀는 분석실 밖에서도 편해졌다. 일상생활의 대인관계가 편해진 것이다. 흥미로운 변화도 경험했다. 동료 여직원과 점심을 같이 먹으며 한 시간 정도 대화를 나눴는데 그 동료는 예쁘고 머리도 좋아서 평소에는 라이벌 의식을 느끼던 동갑내기였다. 그런데 이번에는 같이 있어도 전혀 불편하지 않았다. 잘 보이려 할 필요도 없었고 그냥 있는 그대로 자연스러울 수 있었다. "그냥 그대로의 나로 있어도 편했어요. '이럴 수 있다니' 하고 속으로 정말 놀랐고 기분이 좋았어요. 이런 경험은 제 일생에 처음이에요. 제가 변한 것 같아요." 우리가 알다시피 그녀는 누구를 만나도 속으로 긴장하고 뭔가 빚진 자처럼 요구당하는 기분을 느끼던 사람이다. 그런데 그날은 그런 기분이 전혀 느껴지지 않았다. '그대로 있어도 아무렇지도 않은' 시간이었다.

동창회에 갔을 때도 전과 달라진 자신을 발견했다. 전에는 '이 애들은 나와 달라. 똑똑한 애들이야. 내가 조심하지 않으면 나를 무시할거야'라고 생각하며 친구들의 눈치를 보고 무시당하지 않으려고 긴장하느라 마음이 편치 못했다. 음식도 즐기지 못했다. 그러나 이번에는 모임 장소로 들어가는 순간부터 마음이 편했고 자연스러웠다. 모임 내내 가벼운 기분으로 재미있는 시간을 보냈다. 그날 알게 되었다. 친구들도 나름의 문제와 고민이 있었다. 남편 문제, 자녀 문제, 아파트 문제 등 전에는 자신에게 신경 쓰느라 친구들도 다양한 문제로 고민하는지 알 수 없었다.

Ms A는 사람들과 같이 있는 시간이 길어졌다. 이전의 '용건만 간단히'가 아니라 상대의 이야기에 귀를 기울이

게 되었다. 이야기 듣는 것이 재미있다고 했다. 이런 모습
은 분석의 효과를 보여 주는 생활 속의 변화였다. 정신적
변화의 증거였다. 이런 변화를 보며 나도 속으로 기뻤다.

이상화 전이:
"선생님은 슈바이처를 닮았어요!"

분석이 계속되면서 다시 비의식의 새로운 장이 열리기 시
작했다. 나를 두려운 대상으로 보았던 Ms A가 이제는 나
를 사랑스럽고 이상적인 인물로 보기 시작했다. 권위 있
고 지적인 교수님으로 흠모했다. 그녀는 어릴 때부터 슈
바이처를 흠모했는데 어느 날 내 외모가 슈바이처와 아주
흡사해서 놀랐다고 했다. 사실 나는 머리가 벗겨진 것 말
고는 슈바이처 박사와 닮은 점이 없다. 그녀는 자기 마음
속의 슈바이처를 나에게 옮겨 놓고 있었다. 슈바이처 박
사와 나를 동일 인물로 보았다. 정신분석에서는 이를 '동
일시'(identification)라고 부른다. 이성적으로는 말도 안 되
는 소리지만 비의식에서는 가능하다. 비의식은 일부만 같
아도 전체가 동일한 것으로 해석할 수 있기 때문이다. 슈

바이처와 나는 나이 든 남자라는 면과 의사라는 면이 같을 뿐인데, 비의식은 이런 부분적인 공통점을 이용해서 전체가 동일한 것으로 해석해 버렸다. 그리고 그녀는 나를 대할 때마다 마치 슈바이처를 만난 것처럼 존경하고 흠모했다. 이런 비의식의 기능 특성 때문에 사람들이 이해하지 못할 감정에 휩싸이고 신경증을 보인다. 그녀에게 나는 구름 위에 사는 신선 같은 존재였다. 이렇게 권위 있고 완벽한 나에게 분석받을 수 있게 된 것은 자기 일생의 행운이라고 좋아했다.

그녀는 나에게서 이상적인 아버지를 보고 있었다. 어릴 때부터 꿈꿔 온 아버지 상이었다. 어릴 때 그녀의 아버지는 알코올 중독이었다. 그녀는 술에 취해서 고래고래 소리를 지르고 어머니를 괴롭히는 아버지가 혐오스러웠다. 친구들이 그녀의 아버지가 이런 분이라는 사실을 알까 봐 두려웠다. 수치스러운 아버지였다. 그런 그녀가 부러워했던 친구가 있었다. 친구의 아버지는 의사이고 어머니는 교사였다. 친구의 집에는 정원도 있었다. 그녀는 친구의 어머니가 아버지에게 경어를 사용하는 것을 보고 놀랐다. 자기 부모님에게서는 들어 보지 못한 언어였다. 화목하고 지적인 분위기가 정말 부러웠다. 그녀는 술에 취하지 않은 아버지, 이성적인 아버지를 원했다. 어머니에게 무시당하는 아버지가 아니라 권위를 인정받는 아버지를 갖고 싶었다. 고함치며 화내는 아버지가 아닌 따뜻하고 지적인 아버지를 갖고 싶었다. 이상적인 아버지상이었다.

친구 집에서 그녀는 이런 상상도 했다. '술 취한 아버지는 내 아버지가 아냐. 내 진짜 아버지는 저렇게 친절한 의사 아버지야. 내 친아버지가 어딘가에 살고 계실 거야.' 이런 상상을 하면 기분이 좋아졌다. 그리고 성인이 된 현재 분석 시간에 마음속의 이상적인 아버지를 의사인 내게로 옮겨 놓았다. 비의식 속에서 나와 이상적인 아버지를 동일시했다. 마음속의 아버지가 현실로 나타난 것이었다.

정신분석에서는 이런 현상을 '전이'(transference)라고 부른다. 분석가를 자기 마음속의 인물로 착각하는 현상이다. 나의 지도 교수였던 런던 대학의 조셉 산들러 교수는 전이를 '특별한 착각'(specific illusion)이라고 불렀다. 착각이지만 당사자는 착각인 줄 모른다. 비의식에서 진행되기 때문이다. 전이는 분석 과정에서 반드시 일어난다. 그리고 전이가 일어나야 분석에 성공할 수 있다. 단적으로 말해서 전이가 일어나지 않는 사람은 분석이 안 된다.

전이는 비의식의 대상이 현실 대상으로 튀어나온 것이

기 때문에 전이를 통해서 피분석자는 자신의 마음속 대상을 현실에서 만날 수 있다. 마음속의 갈등이 분석실에서 재현되며 과거가 현재(current reality)가 되는 경험이다. 이 사실을 깨달을 때 피분석자들은 깜짝 놀라고 환희를 느끼며 '아하 반응'을 일으킨다. '아하, 내 마음속에 이런 두려운 인물을 갖고 있었구나. 그래서 분석가가 그렇게도 두려웠구나.' '이제 보니 내가 분석가에게 화난 것이 아니었어. 그렇게도 인정받고 싶어 했지만 번번이 나를 외면했던 아버지에 대한 분노였어. 그리고 나는 늘 누가 나를 외면하는 듯싶으면 알레르기 반응을 일으켰지. 아버지에게 그랬던 것처럼 분석가에게도 꼭 그렇게 알레르기 반응을 일으켰던 거야.'

안개에 싸여 있던 비의식을 현실에서 경험하면서 비로소 체험을 통한 이해가 가능해진다. 이렇게 비의식을 경험적으로 이해하면 정신적 변화(psychic change)가 일어난다. 강의실에서 강의를 듣고 지적으로 이해하는 것과는 다르다. 경험 수준의 이해이기 때문이다. 예컨대 장미에 대해서 읽거나 들어서 아는 지식과 장미를 직접 만져 보고 아는 지식은 수준이 다르다. 장미의 향기를 맡고 꽃잎의 촉감을 느껴 본 후에 아는 경험적 이해는 진실의 힘을 갖는다. 이런 이해가 정신적 변화를 일으킨다. 정신분석의 강력한 치료 효과가 여기서 나온다. 경험적 이해가 어떻게 치료 작용을 하는지 아직은 확실치 않지만, 이와 관련한 뇌 연구가 활발히 진행되고 있다. 글렌 개버드 같은 정신분석학자는 분석 중 뇌 신경회로에 변화가 일어난다고 얘기했다.

이렇게 전이를 통해서 피분석자가 자기 비의식을 구체적이고 현실적으로 경험하고 이해하는 것이 분석이다. 분석가는 전이를 해석해 주며 피분석자를 돕는다. 프로이트 박사는 비의식에 도달하는 지름길을 꿈이라고 했다. 그러나 프로이트 박사 사후(死後) 정신분석이 발달하면서 분석가들은 전이의 중요성을 발견하게 되었다. 실제로 나도 분석을 받아 보았고, 매일 분석을 하고 있지만 전이의 힘에 번번이 놀란다.

강박증 J군 이야기

전이를 설명하기 위해서 강박관념에 시달리다가 정신분석으로 치료된 J군 이야기를 해 보겠다. 나에게 보인 전이

반응이 흥미로웠다.

25세의 청년 J군은 키가 크고 잘생긴 대학생이었다. 그가 정신분석을 받았던 이유는 '노래 강박관념' 때문이었다. 우연히 어떤 노래가 떠오르면 하루 종일 그 노래가 뇌리에서 맴돌았다. 노래가 몹시 신경 쓰였다. 뇌리에서 노래를 지워 버리려 했지만 지워지질 않았다. 노래 때문에 아무것도 할 수 없었다. 공부도 할 수 없었다. 한번은 도서관에 앉아서 10시간을 노래와 씨름한 일도 있었다. 나중에는 식은땀이 줄줄 흐르고 기진맥진했다.

사람들도 보통 좋아하지 않는 노래가 떠오르는 경험을 자주 한다. 시내버스에서 들은 노래일 수도 있고 라디오에서 흘러나온 CM송일 수도 있다. 자기도 모르게 흥얼대다가 억울하게 느껴질 때도 있다. 그러나 우리는 그 노래를 지워 버리려고 싸우지는 않는다. 기분은 나쁘지만 그대로 놔두고 하던 일을 하다 보면 자연히 사라지는 것이 보통이다. 그런데 J군은 노래를 지우려고 했고, 강박증이 시작되었다. J군이 이렇게 노래와 싸우기 시작한 것은 고3 때였다. 5년이나 지속되었다. 지난 5년은 지독한 세월이었다. 상담도 받았고 정신과에서 약물치료도 받았다. 효과는 없었다. 일 년 정도는 종교에 열중하기도 했는데 여기서도 실망하고 물러났다. J군은 거의 절망적인 상태에서 정신분석을 받게 되었다.

그의 문제는 아버지에 대한 분노였다. 그의 아버지는 처벌적인 아버지였다. 추운 겨울날 어린 아들을 마당에 발가벗겨 놓고 찬물을 끼얹는 사람이었다. 아버지 자신은 놀면서 어머니를 종처럼 부리는 이기적인 사람이었다. 아버지는 아들이 노는 꼴을 못 보았다. 늘 공부만 하라고 했다. J군이 컴퓨터 게임을 하고 온 날 아버지는 손가락을 자르겠다고 칼을 들기도 했었다. J군은 아버지가 두려웠다. 그러나 이 두려움 밑에는 증오심이 숨어 있었다. 자기가 커서 힘이 생기면 아버지를 죽여 버리겠다고 생각했다. 증오심이 클수록 두려움도 커졌다. 자기 증오심을 아버지에게 '투사'(projection)하기 때문이다. 자기 증오심을 투사하면 자기가 미워하는 만큼 아버지도 자기를 증오할 것이라고 생각하게 된다. 아버지의 보복을 예상해서 아버지를 생각만 해도 두려움이 엄습했다.

'노래 강박관념'은 아버지에 대한 심리적 반항이었다. 놀지 못하게 금지하는 아버지의 관점에서 볼 때 J군의 머리에 떠오르는 노래도 '노는 것'이다. 늘 공부하기만을 바라는 아버지에게 좌절이고 분통이 터질 일이다. 그러나 J군은 강박적으로 떠오르는 노래에 대해 아버지에게 할 말이 있다. 자신도 노래를 지우고 공부하려고 무진 애를 쓰고 있다는 것이다. '노래 강박증상'은 아버지에게 좌절감을 안겨 주기 위해 J군의 자아가 고안해 낸 것이었다. 하나밖에 없는 자식이 공부는 안 하고 노래만 듣고 있다면 아버지로서는 분통 터지고 좌절감을 느낄 일이다. J군이 노린 것이 이것이었다. 아버지에게 좌절감을 주면서도 보복의 화살을 피할 수 있게 '노래 강박관념'이 도왔다. 자기 인생을 소모하는 매우 자학적인 방법이었다. 그러나 이런 모든 과정이 비의식에서 진행되었기 때문에 그는 그걸 모르고 있었다. 비의식에 숨어 있는 아버지를 향한 분노를 이해하고 삭이는 것이 분석의 과제였다.

실제 대인관계에서 그는 너무나도 순한 사람이었다. 모든 것을 남에게 양보하고 상대방을 기분 좋게 해 주려고 애쓰는 사람이었다. 자기 때문에 상대방이 불편해지는 것을 못 견디는 사람이었다. 그러나 사실을 말한다면 선량하고 착해서가 아니다. 자기 분노를 방어하기 위함이었다. 상대를 건드리면 화를 낼 것이고, 그러면 J쪽에서도 자기가 숨기고 있는 엄청난 분노가 터질 것이라는 두려움 때문이었다. 자신의 엄청난 분노는 상대방의 분노도 터뜨릴 것이다. 그렇게 되면 나도 죽고 너도 죽는다. 파멸이다. 그래서 그는 늘 자신의 분노를 드러내지 못하고 순하게 살았다.

어느 날 분석 시간에 그가 "엘리베이터를 타지 않고 걸어 올라왔어요"라고 말했다. 내 분석실은 6층에 있기 때문에 걸어 올라오려면 힘들다. 웬일일까. 나는 그의 다음 연상을 기다렸다. 수일 전에 J군이 엘리베이터를 탔는데 의사 선생님으로 보이는 한 남자와 같이 타게 되었다. J군이 6층 버튼을 눌렀는데 그 사람은 7층을 눌렀다. 그 순간부터 J군은 불안해지기 시작했다. '내가 6층을 눌렀기 때문에 엘리베이터는 6층에서 한 번 멈춰야 한다. 내가 6층을 누르지 않았다면 이 사람은 서는 곳 없이 7층까지 올라갔을 것이다. 내가 이 사람의 시간을 빼앗았다. 그래서 이 사람은 내게 화가 났을 것이다.' 엘리베이터가 6층에 도착할 때까지 J군은 좁은 공간 안에서 그를 마주 보지도 못하고 숨쉬기가 어려울 정도로 긴장했다. 그 일 이후로 엘리베이터에 흰 가운을 입은 사람이 타고 있으면 6층까지 걸어 올라온다고 했다. 몸은 힘들지만 그 쪽이 마음은 더 편하다고 했다. 나는 엘리베이터도 마음 편하게 이용할 수 없는 그가 안쓰러웠다.

엘리베이터에서 만난 흰 가운을 입은 남자는 나를 상징한다. 나도 흰 가운을 입고 있는 의사였다. 내 시간을 뺏으면 내가 아버지처럼 분통을 터트릴 것이라고 생각했던 것이다. 엘리베이터 안에서 그는 또 한 번 유년기의 아버지를 만났다. 그의 아버지는 성질이 급했다. 기다리는 것을 못 견뎠다. 그의 머릿속에 어릴 때 일이 생각났다. 텔레비전을 고치던 아버지가 J에게 드라이버를 가져오라고 했다. 어린 J는 연장통까지 전속력으로 달려갔다. 마음속으로 '연장통에서 드라이버를 찾을 수 있어야 할 텐데…'라고 걱정을 하며 달려갔다. 너무 긴장한 나머지 연장통에서 드라이버를 찾을 수 없었다. 기다리던 아버지가 달려왔다. 드라이버를 찾아든 아버지는 화를 내며 "눈앞에 두고도 못 찾냐? 이 병신아, 도대체 네가 할 줄 아는 게 뭐냐?"고 소리쳤다. 흥미롭게도 J는 "저는 아무것도 못해요. 할 줄 아는 게 아무것도 없어요"라고 자주 말하곤 했다. 아버지의 언어였다. J는 자신감이 없고 항상 스스로를 무시했다.

J는 기다리지 못하는 성질 급한 아버지와 나를 착각하고 있었다. 전이였다. 가학적인 아버지를 매일 분석실에서 만나고 있었다. 그는 카우치에 한 번 자세를 잡고 누우

면 한 시간 동안 자세를 바꾸지 않았다. 주먹을 꼭 쥐고 있었고 몸은 경직되었다. 카우치에서 두 주먹을 쥐거나 다리를 꼬는 것은 뭔가를 억누르고 있는 자세이다. 심지어 모기가 그의 얼굴을 무는데도 모기를 잡지 못했다. 그는 내가 카우치에서 움직이는 것을 싫어한다고 생각했기 때문이다.

분석실에 올 때마다 J는 내 분석실 앞에서 고민했다. 노크 소리의 볼륨 때문이었다. 너무 크게 노크하면 내가 화를 낼 것이고, 그렇다고 너무 작게 하면 내가 노크 소리를 듣지 못할 거라고 생각했다. 내 방문 앞에서 들어오기 전에 느끼는 이 불안은 유년기 사건과 연결되어 있었다. 초등학교 시절 어느 날 학교에서 귀가하여 안방 문을 열었다. 아버지는 그때 뭔가를 수리하느라 방에 부속품을 늘어놓고 있었다. 아버지가 "들어오지 마"라고 명령했다. 그러나 웬일인지 J는 방 안으로 들어갔고 부속품을 밟았다. 아버지는 고함을 치며 화를 냈다. 내 방을 어릴 때 아버지의 그 방으로 착각하고 그때의 두려웠던 경험을 반복하고 있었다. 그러나 나는 그의 예상과 달리 한 번도 화내지 않았다. J는 이것을 이상하게 생각했다.

분석이 일 년쯤 경과했을 무렵, 그는 내 앞에서 조금씩 더 편해졌다. 나에 대한 두려움이 많이 사라졌다. 감정도 좋아졌다. 분석 시간은 자기가 유일하게 위로받는 시간이고 이 시간이 없었다면 자기는 미쳐 버렸을 거라고도 말했다.

하루는 인상적인 꿈 이야기를 했다. 가파른 산을 등산하는 것 같은 어떤 과정에서 아버지가 도와주었고 도움을 고맙게 받아들이는 꿈이었다. 비의식에서 아버지와의 관계가 호전되는 것을 보여 주는 꿈이었다. 등산을 분석이라 한다면 그를 돕는 사람은 분석가인 내가 된다. 실제로 그의 아버지는 매일 새벽에 분석을 받으러 오는 그를 차에 태워다 주었다. 그는 분석 시간의 침묵도 편하게 느끼게 되었고, 성적 욕구나 공격성의 표현도 비교적 잘하게 되었다. 예컨대 여자 친구와 걸으며 손을 잡았는데 성적 흥분이 일어났고 발기가 되었다. 걷기가 거북스러웠고 여자 친구가 눈치챌까 봐 두렵고 창피했다는 말도 했다. 이런 성욕의 표현은 분석 후 처음 나타나는 것이었다. 그리고 같은 날 데이트하는 그들을 아버지뻘 되는 취객이 조롱하고 시비를 걸었다. 그는 화가 나서 달려가 취객을 공격했다. 밀어 넘어뜨렸다. 그리고 사과를 받아 냈다. 그는 어른을 공격한 것에 죄책감을 느끼고 후회했지만 그의 생애 이렇게 직접 화내 본 건 처음이라고 말했다. 분노를 이 렇게 직접 표현할 수 있게 된 것은 큰 변화였다.

공격성의 표현이 비교적 자유로워졌던 어느 날 카우 치에 누워 있던 J는 견딜 수 없이 괴로워서 카우치에 누 워 있기가 힘들다고 했다. 나는 어떤 상태냐고 물었다. 그 는 온몸에 힘이 들어가 무엇이나 닥치는 대로 부숴 버릴 것 같다, 숨이 막힐 것 같다고 답했다. 나는 그가 자기 조 절에 실패할까 봐 두려워하는 것 같다고 말했다. 그는 다 리에서 힘을 빼려고 노력하는 중이라고 말했다. 공격성이 폭발할 것 같은 위기감을 느끼고 있었다. 그 이유는 나에 게 화가 났기 때문이었다.

사건의 전말은 이랬다. 그날 그가 내 방에 도착했을 때 내가 1, 2분 늦게 나타났다. 내 분석실은 스크린으로 나누 어져 있다. 그가 노크를 하면 나는 스크린 뒤의 작업실에 서 나타난다. 그런데 그날은 내가 작업 중이던 문서를 저 장하고 나오느라 1, 2분 늦어졌다. 그는 내가 늦게 나타나 서 기다리게 만들어 화가 났다. 그가 카우치에 눕자 나는 "내가 좀 늦었는데 기다리면서 혹시 어떤 기분을 느끼셨 습니까?"라고 물었다. 그러나 그는 아무것도 느끼지 못했 다고 대답했다. 무언가를 느꼈을 법한데 아무것도 느끼지 않았다고 했다. 그는 분노를 억압하고 있었다. 그는 언제나 분노를 억압했다. 잠시 침묵의 시간이 흘렀다. "선생님, 괴로워서 더 이상 누워 있을 수가 없어요. 온몸에 힘이 들어가고 닥치는 대로 부숴 버릴 것 같아요. 머리를 가구 모서리에 찧고 피투성이가 되는 모습이 상상돼요"라고 말했다.

내가 늦게 나타났을 때의 감정이 이런 것이었다. 나에 대한 분노가 이렇게 표현되고 있었다. 육체적인 분노 반응이었다. 나는 그때 TV드라마 〈헐크〉가 떠올랐다. 화가 나면 초록색의 괴물로 변하여 모든 것을 파괴하는 헐크 말이다. 나는 그의 분노가 억압이 풀리고 공격성의 표현이 자유로워져서 나타나는 현상이라고 생각했다. 그리고 이것을 J에게 해석해 주었다. 그는 자신을 '폭탄'이라고 말한 일이 생각난다고 했다. "이제 보니 제가 참 위험한 놈이네요." 그날 분석 시간에 나에 대한 분노를 말로 표현했지만 그는 보복당하지 않았다. 그의 분노는 보복으로 되돌아가지 않았다. 그는 안심했다. 그 후 그의 치료에 더 큰 진전이 있었다.

J군의 강박증상은 아주 미약해졌고 공부도 할 수 있게 되었다. 공부를 할 수 있다는 것은 그에게 큰 기쁨이었다.

아버지에 대한 감정도 현실적인 감정으로 변했다. 이제는 늙고 소심해진 아버지를 동정했다. 어느 날 그가 인상적인 판타지를 말했다. 하루는 아버지가 늦게 귀가했는데 아버지 친구가 아들이 시험에 합격했다고 친구들에게 한턱냈다고 했다. 그 말을 듣고 문득 한 가지 생각이 떠올랐다. 자기가 아르바이트를 해서 목돈을 만들어 아버지에게 드리며 "아버지, 아버지도 친구들에게 저녁을 사 드리세요"라고 말하는 상상이었다. 그러면서도 그는 자신이 이런 상상을 하는 게 이해할 수 없었다. 자기에게 그렇게도 혹독했던 아버지인데 왜 이런 생각이 드는지 도저히 이해가 안 간다고 했다. 나는 그의 내적 분노가 중화되고 있는 증거라고 생각했다. 그리고 장성한 어른으로서 늙은 아버지를 보살펴 드리고 싶은 그의 판타지라고 생각했다. 아버지를 미워하고 두려워하던 마음속의 아이가(child-within) 자란 것 같았다.

내가 보기에 J는 성인이 되었다. 더 이상 아버지를 원망하는 아이가 아니었다. 이 사실을 입증이라도 하듯이 그는 고급 공무원 시험에 합격했다. 사실 그는 전에 같은 시험에서 떨어졌다. 시험관이 맹수처럼 두려웠다고 했다. 묻는 말을 제대로 이해할 수도 없었다. 이렇게 떨고 있는

J를 보면서 시험관들은 자기들끼리 마주 보며 웃었다. 웃는 그들을 보면서 쥐구멍이라도 있으면 들어가고 싶었다. 자기 모습이 비참했다. 그러나 이번 시험은 달랐다. 아직도 긴장되기는 했지만 전처럼 머릿속이 하얗게 되는 일은 없었다. 그들의 질문에 J는 제대로 대답할 수 있었다. 그리고 합격했다. 취직시험에 합격하고 직장을 갖게 된 것은 그에게 남다른 의미가 있었다. 그것은 부모로부터 독립하는 것을 의미했다. J는 직장을 따라 다른 도시로 떠났다. 장성한 아들이 부모를 떠나 독립적인 자기 삶을 찾아나선 것이었다.

분석 초기에 J는 나를 두려운 아버지로 보았다. 아버지 전이였다. 나를 미워하고 두려워했다. 나를 만나는 2년 반 동안 거의 매일 그는 마음속의 아버지와 만났다. 그는 겁먹은 아이이자 성난 아이이기도 했다. 내 앞에서 두려워 떨고 그리고 안심하기를 반복했다. 그동안 아버지와 맺은 관계를 나와 반복하며, 점차로 이것이 심리적 현실일 뿐임을 깨달았다. J의 분노는 삭아서 감소됐고 이제 장성한 아들의 눈으로 아버지를 볼 수 있게 되었다. 더 이상 아버지를 원망하는 아이가 아니었다. 전이도 풀렸다. 이때 비로소 시험에 합격해 직업을 가진 성인으로서 아버지 곁을 떠날 수 있었다.

　이것이 분석의 힘이다. 자신의 문제가 무엇인지 알아도 아는 것만으로는 변화가 일어나지 않는다. 반복적인 체험을 통해서만, 그것도 당시의 고통스러운 감정을 고스란히 느끼는 반복적인 체험을 통해 그것이 심리적인 현실일 뿐 실제적인 현실이 아님을 깨닫는 순간, 문제로부터 놓여나게 된다. 자유로워지고, 편안해지는 것이다. 그가 분석실을 떠나던 날 나는 그가 자랑스러웠다. 자기를 극복한다는 것은 영웅적인 일이다. 그는 자기 노출의 힘든 과정을 통과했다.

나의 분석 경험:
나도 터질 듯한 폭탄이었다

나 자신도 샌디에이고에서 분석받을 때 J군과 같은 경험을 했다. 나도 나의 분노 폭발을 방어하기 위해서 상대방의 비위를 맞추며 살았다.

　나는 어려서부터 아주 순한 아이였다. 친구들과도 싸울 줄을 몰랐다. 초등학교 때 딱 한 번 싸워 보았을 뿐이다.

그 싸움도 친구가 코피를 흘리는 바람에 싱겁게 끝나 버렸다. 병약한 나로서는 싸울 힘도 없었고 힘세고 사나운 아이들이 두려웠다. 다행히 나는 누나와 형이 우리 학교 교사였고 아버지가 우체국장이라는, 시골에서는 무시하지 못할 집안 덕분에 힘센 애들에게 폭행당하거나 무시당하지 않았다. 우리 반을 꽉 쥐고 있었던 광칠이도 나를 함부로 대하지 못했다. 그래도 나는 나약한 자신에게 불만이 컸다. 강한 애들 앞에서 작아지는 나 자신이 흡족하지 않았다. 태권도나 권투를 배워 보고 싶었지만 가정형편이 여의치 않았다. 나는 내 자신이 나약하고 비겁하다고 생각하며 살았다.

싸울 자리는 미리 피하고 부당하게 당해도 먼저 사과했다. 사람들은 나를 순하고 선량한 사람이라고 평했다. 그러나 나는 당당하게 맞서 싸우지 못하는 자신에게 불만이 컸다. 그런데 50대 중반에 분석을 받으며 새로운 사실을 깨달았다. 나를 나약하고 비겁하게 만든 것은 강한 상대방이 아니었고 나 자신의 분노였다.

어느 날 새벽, 나는 분석가의 집을 향해 차를 몰고 가다가 신호등에 걸려 멈춰 서 있었다. 샌디에이고는 비교적 길이 한산하다. 그런데 맞은편 도로에서 오토바이를 탄 젊은이가 아슬아슬하게 다른 승용차 앞으로 끼어들곤 곧 속력을 내며 달아나는 것이 보였다. 그때 내 마음속에 한 가지 판타지가 떠올랐다. 승용차 기사가 화가 나서 전속력으로 쫓아가서 오토바이를 받아 버리는 상상이었다. 상상 속에서 오토바이 기사는 피투성이가 되어 즉사했다. 실로 끔찍한 상상이었다.

그날 분석 시간에 카우치에 누웠을 때 이 생각이 났다. 그리고 이어서 한 사람이 떠올랐다. '고든'이다. 고든은 나와 함께 분석연구소에서 공부하는 30대의 심리학자였다. 나는 고든이 마음에 들지 않았다. 그 친구만 보면 자존심이 상했다. 내 영어를 비웃는 것 같았고, 고든의 영어는 도무지 알아들을 수 없었다. 미국 생활을 해 본 사람들은 알겠지만 같은 영어인데도 어떤 사람의 영어는 잘 들리고 어떤 사람의 영어는 안 들린다. 고든의 영어는 웅얼웅얼하는 것 같아 알아들을 수가 없어 답답했다. 게다가 내가 "pardon?"(뭐라고요?) 하고 되물으면 고든은 무시하며 아무 말도 하지 않았다. 그는 아는 체도 많이 했고 거만하기도 했다. 차도 그 무렵에 BMW로 바꿨다. 나는 이 친구가 마음에 안 들었다. 그런데 그날 아침 나는 건방진 꼴로 오토바이를 타고 달아난 청년을 고든으로 생각하고 있었다. 그리고 그를 죽이는 상상을 한 것이다. 의식 선상에서는 고든을 그렇게까지 미워할 이유가 없었다. 그러나 내 비의식은 그를 죽이고 싶을 만큼 미워하고 있었다.

이 증오심은 고든 때문에 생긴 것이 아니었다. 억압된 채 쌓인 내 분노 때문이었다. 평소에 참고 억압해 온 나의 분노가 상상 속에서 고든에게 터져 나왔던 것이다. 그러고 보니 나는 결코 순한 사람이 아니었다. 분노 폭발을 막느라고 순한 척했을 뿐이었다. 불필요한 분노가 내 안에 엄청나게 누적되어 있었다.

그러나 고든 박사 사건에는 또 다른 비밀이 숨어 있었다. 전이 감정이 숨어 있었다. 흔히 분석가들은 분석 시간에 피분석자가 특정 사람에 대한 분노를 털어놓으면, 분석가에게 쌓인 분노를 그 사람에게 대신 표현하는 건 아닌지 생각해 보도록 돕는다. 나의 분석가도 이렇게 말했다. "닥터 리, 내 생각을 말씀드려도 된다면, 어쩌면 당신은 어떤 이유로든 나에게 화가 났는지도 모르겠습니다. 그러나 내게 화내는 행동은 당신으로서는 힘든 일입니다. 그래서 나에게 화가 났다고 말하는 대신에 고든 박사에게 화난 이야기를 하는 것은 아닌지 모르겠습니다." 나는 순간 깜짝 놀랐고 당황했다. 그리고 갑자기 많은 생각들이

몰려들었다. 그 생각들은 내가 분석가에게 몹시 화나 있음을 알려 주었다. 분석을 받으면서 나는 속으로 분석가와 경쟁하고 있었다. 그의 권위와 분석가라는 자리를 시기했다. '나도 한국에서는 교수인데 여기서는 당신 밑에 깔려 있다. 당신은 내 위에 군림하고 있다. 나는 기분 나쁘다.'

실제로 내 분석가가 나를 지배하려 들거나 권위를 자랑한 적은 단 한 번도 없었다. 다만 내가 마음속에 그를 경쟁 대상으로 만들고 있었다. 힘겨루기를 하고 패배감도 느끼고 억울하고 화나고 비굴해지기도 했다. 또한 그는 내 속의 심판자이기도 했다. 그의 비난을 피하기 위해서 나는 피 말리는 노력을 해야 했다. 지각할까 두려워서 거의 매일 잠을 설쳤다. 분석 시간이 새벽이었기 때문이다. 새벽길을 달리며 나는 자주 시계를 보았다. 너무 일찍 도착한 날은 분석가의 집 밖에서 서성거리며 시간을 보냈다. 분석가 옆집 정원의 핑크빛 장미 송이를 세면서 기다린 적도 있다. 너무 일찍 들어가서 분석가를 방해하지 않기 위해서였다. 대기실에서 기다리는 시간에도 분석 시간에 할 말을 궁리하느라고 초조했다. 카우치에 누워서 그저 떠오르는 것을 이야기하면 된다는 사실을 알면서도 분석 시간에 할 말이 없어서 침묵이 흐를 사실을 걱정했다. 분석가의 비난이 두려웠다. 또한 영어 때문에 늘 초조했다. 그러나 분석가는 내 영어가 전혀 문제될 게 없다고 여러 번 확인시켜 주었다. 그래도 나는 영어 실력 때문에 긴장했다.

나는 분석가 앞에서 분석을 받는 심정이 아니었다. 심판자 앞에 서서 처벌을 두려워하는 죄수의 심정이었다. 그나마 나로서는 분석비를 주는 날이 가장 행복했다. 내가 주는 입장이고 분석가는 받는 입장이 되었기 때문이다. 입장이 바뀌는 순간이었다. 나는 경쟁자, 심판자 앞에서 패배감을 느끼고 초조해지는 처지에 자존심 상했고 분통이 터지려고 했다. '당신이 뭔데' 하며 한번 싸우고 싶었지만 그럴 명분이 없었다. 그러던 차에 고든 박사의 이야기가 나온 것이었다. 나는 고든 박사가 아닌 내 분석가에게 화가 나 있었다. 그것도 분석가를 죽이고 싶을 정도로 말이다. 나는 나 자신의 분노를 확인하고 놀랐다. 나는 결코 순한 사람이 아니었다. J군이 자신을 폭탄이라고 표현했던 것처럼 나도 폭탄이었다.

그날 분석 시간에 이 사실을 이해하니 내 마음이 아주 편해지는 느낌을 받았다. 마음이 새털처럼 가벼워지는 기분을 느꼈다. 그리고 한 가지 흥미로운 변화를 경험했다.

당시 나는 미국 은행에서 부당한 벌금 청구를 받았다. 하지만 항의하기를 포기했다. 이유는 영어 때문이었다. 싸우고 따지기에는 나의 영어가 부족했다. 그러나 알고 보니 영어는 핑계에 불과했다. 싸우기를 포기한 진짜 이유는 내 자신의 분노 때문이었다. 혹시라도 싸움이 나면 나의 공격성이 폭탄처럼 터질까 봐 두려워서 피했다. 내 안의 폭탄이 터지면 나도 죽고 상대도 죽는다. 그래서 나는 은행에 따지기를 아예 포기하고 돈도 포기하기로 마음먹고 있었다. 그런데 그날 분석실에서 고든 박사의 이야기를 끝내고 나오면서 그길로 은행을 갔다. 은행 매니저와 한 시간 가까이 이야기했다. 그는 나의 설명을 이해했고 벌금을 취소해 주었다. 따질 수 없던 내가 따질 수 있게 되었고 돈도 돌려받았다. 행동의 변화였다. 소극적 행동에서 적극적 행동으로 변했다. 그럴 수 있었던 것은 분석 시간에 내 안의 분노 수위가 낮아졌기 때문이다. 고든을 향한 분노를 표현했지만 늘 그러리라 예상했던 비극적 보복사태는 일어나지 않았다. 나는 비의식에서 내 분노의 수위를 잘못 측정하고 있었다.

나는 안심했고 자연히 분노의 수위도 내려갔다. 내 안

의 분노 수위가 높으면 그만큼 상대방이 두려워진다. 내 분노를 상대에게 투사하기 때문에 상대방이 두려워진다. 그래서 따질 일이 있어도 비굴해지고 회피하게 된다. 내가 유년기부터 오늘까지 그렇게 나약하고 비굴했던 이유는 나 자신의 분노 때문이었다.

Ms A, 분석실에서
오이디푸스 콤플렉스에 빠지다

다시 Ms A로 돌아가 보자. Ms A는 나를 존경하고 좋아했다. 그러나 그 정도가 지나치게 이상적이었고 비현실적이었다. 그녀는 나를 그렇게 잘 알지 못했는데, 마치 나에 대해서 모든 것을 다 알고 있는 듯이 말했다. 전이 대상이기 때문이다. 전이 대상인 나는 그녀를 아끼고 염려하며 전폭적으로 지지해 주는 사람이었다. 그녀는 내가 주말에 그녀를 보지 못하기 때문에 쓸쓸할 것이라고 상상했다. 아들의 유치원을 선택할 때는 내가 "○○ 유치원이 좋습니다. 거기로 보내십시오"라고 일러 주는 상상을 하기도 했다. 마치 좋은 아버지처럼 그녀에게 무엇이 필요한

지, 그녀가 어떤 감정을 느끼는지 훤히 알고 있는 사람으로 보고 있었다.

　그 무렵 그녀는 흥미로운 꿈 이야기를 했다. 꿈에 그녀는 카우치에서 잠이 들었다. 그녀는 전에도 카우치에서 잠들 것 같다는 말을 여러 번 했는데 꿈에서 그 모습이 나타난 것이다. 잠에서 깨어나니 내가 옆에 앉아 있었다. 그런데 내가 남성이 아닌 여성의 모습이었다. 꿈속에서도 이상하다고 생각했다. 그녀는 '카우치에서 잠이 들다니'라며 당황했다. 그런데 뜻밖에도 내가 "많이 피곤하신가 봐요. 괜찮으니 좀 더 주무세요"라고 다정하게 말했다. 안심이 됐다. 이 꿈은 '전이 꿈'(transference dream)이었다. 그녀는 나를 자기의 피곤을 알아주는 분석가로 보고 있었다. 그런 나를 만나서 안심하는 꿈이었다. 꿈속에서 나는 다정한 분석가였다. 그것도 불편한 남성 분석가가 아니고 여성 분석가였다. 더 이상 그녀를 비난하거나 버리는 대상이 아니었다. 실제로 분석 시간에 그녀는 나에게 감사한 마음을 어떤 말로도 다 표현할 수가 없다고 했다.

　나에 대한 감정이 좋아졌던 이 무렵 아버지에 대한 감정도 좋아지기 시작했다. 분석 초기에 아버지에 대한 그녀의 감정은 혐오감이었다. 알코올 중독인 아버지가 부끄럽고 혐오스러웠다. 그러나 분석이 중기에 접어들자 아버지에 대한 감정이 좋은 감정으로 변했다. 요리를 해 주시던 아버지, 유머러스했던 아버지에 대한 기억이 떠올랐다. 그리고 아버지를 마음속으로 변호했던 기억도 떠올랐다. "아버지가 알코올 중독자가 된 이유는 어머니 때문이었어요. 아버지는 선량한 분이셨죠. 어머니가 아버지에게 냉정했고 성적 요구를 거절했기 때문에 아버지는 술을 마실 수밖에 없었어요. 내가 어머니 입장이었다면 그렇게 냉정하지 않았을 거예요." 이런 말을 한 후에 그녀는 부끄러워했다. 어머니를 험담하는 것 같아 죄송하다고 했다. 그리고 아버지의 성적 요구를 자기라면 거절하지 않았을 것이라는 말이 몹시 마음에 걸린다고 했다. 이 말에는 아버지에 대한 성적 욕구, 오이디푸스 갈등이 실려 있다. 분석 초기에 나타났던 아버지를 혐오하는 감정 뒤에는 아버지에 대한 욕구가 숨어 있었다. 욕구를 방해하기 위해서 혐오감을 이용하고 있었던 것이다.

　Ms A의 아버지는 어머니에게 가끔 화장품을 선물하셨다. 그녀는 아버지에게 냉정했던 어머니가, 아버지가 선물한 화장품을 사용하는 것을 이해할 수 없었다. 어머니가 위선자로 보였다. 그러나 실제 어머니는 위선자가 아니었다. 지적인 분이었고 가정을 위해서 희생하는 전통적인 어머니상이었다. 어머니도 외할아버지의 남아선호사상의 희생자였다. 어머니는 공부하고 싶었지만 외할아버지가 외삼촌을 대학에 보내기 위해서 어머니의 학업을 중단시켰다. 그래도 어머니는 외할아버지를 원망하지 않았다. 어머니는 A를 대학까지 보내 주었다. 다만 어린 A에게 어머니는 다정다감한 분이 아니셨다. 대체로 차가웠고 어려운 분이었다. Ms A는 어머니에게 질투심을 느꼈다. 그녀는 자기가 이 나이가 될 때까지 화장을 하지 않는 이유를 이제야 알 것 같다고 했다. 화장하는 것은 어머니처럼 여성이 되는 일이고 아버지를 유혹하는 행위이다. 어머니의 질투를 일으킬 수도 있다. 그래서 그녀는 화장을 할 수 없었다. 오이디푸스 갈등에 빠져 있었기 때문이다. 그 후 정신분석으로 갈등이 풀렸을 때 그녀는 화장을 하기 시작했다.

오이디푸스 콤플렉스란 정신분석에서 나온 개념이다. 4, 5세 된 아이가 이성의 부모를 사랑하고 동성의 부모에게 라이벌 의식을 느끼는 것이다. 프로이트 박사는 자기 분석을 하던 중에 유년기에 자신이 이 콤플렉스에 빠졌던 것을 발견했다. 그의 나이 사십에 아버지가 돌아가시고 그는 심한 불안 상태에 빠졌다. 마치 뿌리가 뽑혀 버린 나무처럼 어찌할 바를 몰랐다. 고통스러운 수개월이었다. 자기분석을 시작했다. 그리고 자기가 유년기부터 어머니에 대한 성적 욕구를 갖고 있었고 아버지에게 질투심을 느끼고 있었던 것을 발견했다. 소포클레스의 비극에 등장하는 오이디푸스 왕자처럼 아버지를 죽이고 싶은 욕망이었다. 그 욕망은 성인이 된 후에도 비의식에 살아 있었고, 막상 아버지가 돌아가시자 죄책감을 불러일으켰다. 죄책감은 처벌 불안을 일으킨다. 그래서 그는 그렇게 불안했던 것이다.

프로이트 박사가 아버지가 돌아가셨을 때 꾼 꿈이 흥미롭다. 꿈에서 그는 정거장 같은 곳에서 금연 포스터를 보았다. 포스터에서 본 문구가 유난히 선명하게 기억났다. "눈을 감아 주세요." 프로이트의 허물을 눈감아 달라는 의미였다. 프로이트 박사는 자기 분석을 통해서 자신의 신경증을 치료했다. 그리고 많은 사람들을 분석하면서 오이디푸스 콤플렉스가 자기만의 경험이 아니고 인류가 성장 과정 중에 경험하는 보편적인 경험이라는 것을 확인했다. 프로이트 박사는 경험주의자였기 때문에 자기가 실제로 확인한 사실이 아니면 믿지 않았다. 나도 분석 경험을 통해 오이디푸스 콤플렉스의 실체를 확인한 적이 있다.

대머리 수치심,
오이디푸스 콤플렉스였다

나는 30대부터 대머리였다. 대단히 수치스러웠다. 나는 대머리 수치심을 일반적인 것으로 이해했다. 그러나 이것은 나의 오이디푸스 콤플렉스와 관련이 있었다. 아버지에 대한 갈등과 관련이 있었던 것이다.

앞서도 말했지만 나는 50대의 나이에 샌디에이고에서 개인분석을 받았다. 카우치에 누워 매주 다섯 번씩 정통 정신분석을 받았다. 분석이 끝나면 곧바로 체육관에 가서 운동을 했다. 주로 러닝머신 위를 달렸다. 러닝머신 앞에는 큰 거울이 있었다. 어느 날 거울에 비친 내 대머리가 멋져 보였다. 그 순간 내 대머리를 멋지게 본 일이 한 번도 없었다는 생각이 떠올랐다. 오히려 나는 내 대머리를 수치스럽게 생각하고 평생 그것을 가리고 싶어 했음을 깨달았다.

다음 날 분석 시간에 그 이야기가 나왔다. 그리고 나는 대머리와 관련된 나의 숨겨진 이야기를 발견했다. 내 아버지는 대머리였다. 나는 11남매 중 아홉 번째 아들이다. 그리고 8명의 아들 중에서 나만 아버지를 닮아 대머리였다. 어려서부터 나는 아버지를 무능한 분이라고 생각했다. 어머니는 유능하고 헌신적인 분이었다. 어머니는 늘 "너희 아버지는 무능하다. 융통성도 없고 주변머리도 없어서 만일 내가 아니었다면 너희들은 교육도 받을 수 없었을 것이고 쌀이 떨어져도 모두 굶고 있었을 것이다"라고 말씀하셨다.

사실 많은 부분에서 어머니 말씀이 옳았다. 내가 어릴 때 아버지는 이미 중년을 넘은 나이였다. 그리고 어머니가 집안 살림의 주도권을 쥐고 있었다. 나의 오이디푸스 욕망은 이런 현실을 이용했다. 나는 무능한 아버지를 제치고 어머니의 관심을 독점하려고 했다. 나는 아버지를 무능한 분으로 정의 내렸다. 그래야 오이디푸스 갈등에서 승리자가 될 수 있었다. 물론 비의식에서 진행되었기 때문에 그 사실을 분석받을 때까지 몰랐다. 그리고 내 나이 50대에 이르기까지 한 번도 무능한 아버지를 재고해 보지 못했다.

대머리는 내게 아버지를 상징했다. 무능한 아버지가 내

이마에 붙어 있는 것이었다. 나의 대머리 수치심은 이런 비의식적 오이디푸스 갈등에서 나왔다.

그런데 대머리가 멋지게 보이던 그 무렵은 내가 분석 시간에 아버지의 다른 면을 이야기하고 있을 때였다. 자랑스럽고 유능한 아버지의 얘기를 하고 있었다. 젊을 때 아버지는 지방 특산물인 생강을 기차에 싣고 이북에 가서 팔았고, 돌아오실 때는 돈을 부대로 몇 자루씩 가지고 오셨다는 이야기였다. 아버지가 밤중에 돈 부대를 메고 들어오셨고 어른들이 둘러앉아 돈을 세는 장면을 형이 보았다는 것이다. 그렇다면 아버지는 유능한 사업가였다.

또한 어머니에게 들었던 이야기도 생각났다. 아버지는 해방되었을 때 우체국장이었다. 해방이 되자 아버지는 주민들이 우체국에 들었던 보험금을 일일이 돌려주셨다고 한다. 그때는 해방 직후의 혼란기였고 배우지 못한 주민들은 자신들이 보험을 든 사실조차 모르고 있었다. 경찰도 없고 감독기관도 없을 때였다. 그래서 어떤 우체국장들은 그 당시로서는 엄청난 돈을 그냥 착복했다고 한다. 그러나 어머니 말씀대로 융통성 없고 주변머리 없는 내 아버지는 땀을 뻘뻘 흘리며 우편배달부 자전거를 타고 시골길을 달려서 집집마다 찾아다니며 돈을 돌려주셨다. 당시 11남매나 되는 아이들을 먹이고 가르쳐야 하는 어머니 입장에서는 참으로 답답한 남편이었을 것이다. 그러나 다른 사람들이 보기엔 아버지는 정직하고 존경받을 만한 분이었다. 이런 공무원만 있다면 나라의 질서가 진작 바로 섰을 것이다. 그러나 나는 어머니 말만 듣고 그 의견에 전적으로 동의했고 아버지를 무능한 분으로 치부했다.

흥미롭게도 내가 아버지를 현실적으로 보기 시작한 때와 대머리가 멋지게 보이던 시점은 일치했다. 대머리 수치심의 밑에는 비의식 가운데 하나의 연결 고리가 숨어 있었다. '대머리 아버지-무능한 아버지-내 대머리-대머리 수치심'이 그것이었다. 그러나 분석 중에 이 고리가 풀리면서 내 대머리를 받아들일 수 있게 되었다. 그 후 나는 대머리 수치심에서 벗어났다.

Ms A도 마찬가지였다. 아버지를 사랑하고 어머니를 라이벌로 느꼈다. 쉽게 오이디푸스 콤플렉스를 확인하는 방법이 있다. 4, 5세 여자아이에게 "너는 커서 누구랑 결혼할래?" 하고 물어보는 것이다. 거의 모든 아이들이 "아빠랑 결혼할 거야"라고 대답한다. 이 시기에 아빠를 탐낸 여자아이는 라이벌인 엄마의 보복을 두려워한다. 남자아이들은 아버지가 자기 고추를 자르는 보복을 할 것이라고 생각한 채 두려움에 빠진다. 이것을 '거세공포증'(castration anxiety)이라고 한다. 거세 공포증이 해결되지 않고 남아 있는 사람은 강해 보이는 사람 앞에서 갑자기 용기를 잃고 무기력증에 빠지게 된다. 아버지 앞에서 기죽고 무기력해지던 어린 소년으로 돌아가기 때문이다.

여자아이들에게는 엄마가 라이벌이다. 동시에 엄마는 아이에게 꼭 필요한 존재이기도 하다. 아빠를 갖고 싶지만 엄마의 보복이 두렵고, 그렇다고 아빠를 포기할 수도 없다. 그래서 아이의 마음은 아빠를 중심으로 복잡해진다. 그래서 콤플렉스다. 오이디푸스 콤플렉스는 사춘기를 지나면서 해결된다. 소녀는 '아버지의 사랑을 받기 위해서는 어머니같이 매력적인 여성이 돼야 한다'고 생각한다. 그래서 어머니의 여성성을 받아들이기 시작한다. 소꿉장난을 할 때도 여성 역할을 하고 화장하는 엄마의 흉내도 낸다. 아이의 두뇌가 발달하고 사회적 관계가 많아지고 세상을 보는 시야가 넓어지면서, 결국 소녀는 아버지는 포기해야 할 대상임을 인정하게 된다. 아버지를 포기할 때 비로소 다른 남성들이 눈에 들어온다.

그래서 사춘기 청소년들이 연애편지를 주고받고 이성에 관심을 갖기 시작하는 것이다. 여러 종류의 남성들이 있다는 것도 배운다. 마침내 아버지 이외의 다른 남성 중한 사람을 만나 사랑에 빠지고 결혼한다. 이는 정상적인성장 과정이다.

그런데 어떤 이유로 콤플렉스가 해결되지 못하고 남아 있는 경우가 있다. 이 정도가 심하면 노이로제가 되기도 하고, 동성애나 성도착증에 빠지기도 한다. '나는 남자가 아닌 것 같아', '내가 여잔가?' 자신의 성 정체성에 확신을 갖지 못하고 회의에 빠지기도 한다. 결혼을 못하기도 한다. 그래서 늙은 홀아버지와 딸, 혹은 늙은 홀어머니와 아들 단둘이 사는 모습을 보인다. 그러나 조심해야 한다. 늙은 부모와 사는 아들딸의 모두 경우가 여기에 속한다고 생각해서는 안 된다. 지나치게 단순화하는 것은 위험한 일이다. 인생은 그렇게 단순한 것이 아니기 때문이다. 다만 그럴 가능성에 대해서 말하고 있다.

프로이트 박사는 "모든 노이로제의 핵심에 오이디푸스콤플렉스가 있다"고 했다. 물론 인간이 유한해서 완벽한부모란 있을 수 없기 때문에 오이디푸스 콤플렉스가 완벽하게 해결된 사람은 거의 없다. 그러나 이 콤플렉스가 원만히 해결되지 못하는 특별한 경우들이 있다. 부모의 부부 관계가 원만치 못한 경우나, 부모 중 한 분이 돌아가셨다든지 이혼으로 부모와 동거할 수 없을 때이다. 부모가 성격장애자인 경우도 어렵다. 아이를 성적으로 자극하기 때문이다. 그러나 이런 경우들마다 반드시 기계적으로 오이디푸스 콤플렉스 해결에 장애가 온다고 볼 수는 없다. 인생에는 많은 변수가 있다. 어떤 이유로든 오이디푸스 콤플렉스가 적절히 해결되지 못하면 성장 후에 성 정체성 발달이 안 되어 이성관계가 어려워진다. 정신분석가 웨인 쉘 박사의 환자처럼 발기불능이 되거나 불감증이 되며 정상적인 결혼생활이 어려워진다. 해결되지 않은 거세공포는 신경증의 원인이 되기도 한다.

거세공포증 경험

나는 40대 초반에 런던에서 공부할 때 불안신경증을 경험했다. 거세공포증에 의한 신경증이었다.

런던 대학의 산들러 교수는 대단한 정신분석가였다. 주옥같은 논문과 책을 냈고 국제정신분석학회 회장도 지냈다. 정신분석학계의 거물이었다. 나는 매주 그의 집에서 정신분석 이론을 배웠다. 일대일의 토론식 공부였다. 당시 나는 40대 초반이었다. 혼자서 한국 식당에서 하숙하고 있었다. 처음 해보는 이국생활은 낯설었고 모든 것이 생소했다. 영어도 서툴렀고 런던의 지리도 모르고 친구도 없었다. 당시에는 외화 규제가 심해서 돈도 마음대로 쓸 수 없었다. 런던에서 나는 시골 장에 내놓은 촌닭처럼 위축돼 있었다.

그런 어느 날 오후, 산들러 교수의 집을 나와서 지하철 에스컬레이터를 타고 내려가다가 갑자기 불안해지기 시작했다. '내가 왜 이러지?' 그러나 알 수 없는 불안은 점점 심해졌다. 하숙집에 도착하여 물도 마셔 보고 심호흡도 했으나 불안은 진정되지 않았다. 온몸에 맥이 풀리는 것 같고 가슴은 방망이질을 쳤다. '이거 심상치 않은데 무슨 방도를 취해야겠어.' 그러나 특별한 방도가 떠오르지 않았다. 본국에 있었다면 무슨 방도라도 취할 수 있었지만 런던에서는 찾아갈 정신과 의사도 생각나지 않았다. 저녁 식사를 하고 하숙생들과 함께 레스터 스퀘어 거리에 있는 영화관에 갔다. '영화라도 보면 불안이 가실까?' 하는 기대를 했다. 그러나 영화가 나를 더 불안하게 만들었다. 알 카포네가 나오는 〈언터처블〉(untouchable)이라는 영화였는데 피가 낭자하고 잔인해서 볼 수가 없었다. 너무 불안했다.

처음 경험하는 일이었다. '이러다 정신이 이상해지는 것은 아닌가' 하며 걱정될 정도였다. '정신과 의사가 이상해지면 이건 또 무슨 창피냐' 하는 걱정까지 했다. 나는 속으로 나 자신에게 '이건 분명히 원인이 있다. 원인을 찾아보자. 이 불안이 어디서 시작된 것일까?' 계속 질문을 던졌다. 자기분석이었다. 영화를 보고 하숙집에 돌아와 잠을 청했다. 도저히 올 것 같지 않았던 잠이 찾아와 주었다. 잠이 고마웠다. 그러나 다음 날 눈을 뜨자 불안이 다시 엄습했다. 불안이 거기 그대로 잠도 자지 않고 기다리고 있었다.

아침에 시내버스를 타고 교환 교수로 근무하던 런던의 모즐리 병원에 갔다. 불안해서 도서실로 갔다. 도서실에 앉아 있는데 문득 어제 산들러 교수의 집에서 있었던 일이 떠올랐다. 나는 나에게 정신분석을 가르쳐 주셨던 나의 지도교수 김성희 교수님 이야기를 자랑스럽게 하고 있었다. 그런데 산들러 교수는 별로 흥미를 보이지 않았다. 갑자기 내 말을 끊고 "우리 공부나 합시다"라고 했다. 나는 무안했다. 산들러 교수는 지루하고 싫증나는 듯한 태도를 보였다. 나는 갑자기 죄라도 지은 것처럼 겁을 먹고 위축되었다. 위대한 학자의 시간을 빼앗고 지루한 이야기를 늘어놓은 죄인 같은 기분이 들었다. 그분 앞에서 나는 정말 아무것도 아닌 너무나 작은 존재가 되어 버렸다. 모즐리 병원 도서실에서 나는 거대한 산들러 교수 앞에 벌레처럼 작아진 나를 보았다. 그러나 막상 그럴 이유가 전혀 없었다. 그리고 문득 내 마음속에서 '산들러 교수가 내게 뭐야. 내게 밥을 먹여 주는 사람도 아니고 내 아버지도 아니지 않은가. 내가 그 앞에서 기죽을 이유가 없잖아. 나는 수강료 내고 그에게 배우는 사람이고 그는 돈 받고 나에게 한 시간을 내줄 뿐인데 왜 이렇게 기가 죽는 거야'라는 소리가 들렸다. 그 순간 신기하게도 불안이 사라졌다. 전날부터 20여 시간 동안 나를 괴롭혔던 그 불안이 안개가 걷히듯 사라졌다.

그날 12시 15분에 나의 정신분석이 있었다. 나의 분석가 베이커 박사는 나의 불안이 거세공포증이었다고 해석해 주었다. 나는 자기분석을 통해서 거세공포증을 극복했다. 강한 아버지 앞에서 기죽었던 어린 내가 산들러 교수를 거인 아버지로 착각하고 겁먹었던 것이다. 그때 런던에서 불안경험을 할 때 내가 마음속에서 가장 미안했던 대상은 나의 환자들이었다. 그들을 제대로 이해해 주지 못했던 것이 미안했다. 그동안 나는 불안을 호소하는 많은 환자들을 보았다. 그때 나는 그들의 고통을 너무 피상적으로 이해했다. '불안이 이 정도로 지독하고 고통스러운 것이었는데 나는 환자들이 불안을 호소했을 때 책에 나온 불안만 생각했구나.' 내 환자들에게 죄송했다. 그 후 나는 환자들의 불안에 곧 공감할 수 있게 되었다.

이것이 나의 거세공포증 경험이다. 내 비의식에는 두려운 아버지와 무능한 아버지가 공존하고 있었다. 이마가 벗겨진 무능한 아버지와 산들러 교수 같은 위대한 아버지가 동시에 말이다. 비의식 기능의 특징이다. 비의식은 비합리의 세계이기 때문에 강한 아버지와 무능한 아버지가 공존해도 갈등을 일으키지 않는다. 산들러 교수는 두려운 아버지였다. 산들러 교수는 한국에도 여러 번 오셨다. 그분 내외를 모시고 설악산에도 갔고 무등산에도 올라갔다. 광주에 오셨을 때 내외가 사소한 일로 다투는 모습을 보고 나는 런던 경험이 생각나서 속으로 웃었다. 그분은 애석하게도 10여 년 전에 암으로 돌아가셨다. 매년 국제정신분석학회는 그분을 기리는 심포지엄을 열고 있다.

Ms A의
오이디푸스 콤플렉스 구조

오이디푸스 갈등은 인간이면 누구나 성장 과정 중에 통과한다. 이 갈등은 너무 강력하고 성적인 죄책감을 동반하기 때문에 여간해서는 의식 표면에 떠오르지 않는다. 그래서 "그런 것은 없다"고 완강하게 부정하는 사람이 많다. 그러나 인류학자 마가렛 미드 여사가 아마존의 원시부족을 관찰했는데, 거기서도 오이디푸스 콤플렉스를 볼 수 있었다고 보고했다.

프로이트 박사에 의하면, 여자아이들의 오이디푸스 콤플렉스는 세 가지 방향으로 나간다. 첫째는 성(sexuality) 자체를 포기하고 무성(無性)의 인생을 산다. 섹스 없는 인생을 사는 것이다. 이렇게 무성으로 살면 어머니와 다툴 일도 없고 안전하다. 둘째는 남성성(masculinity)에 매달려 남성다워지려고 한다. 여성 성기를 부정하고 남근을 가지고 있는 남자처럼 산다. 남성이 주로 갖는 직업을 선택하고 남성들과 싸우기를 좋아한다. 남성을 적으로 본다. 아니면 셋째, 이것이 가장 건강한 해결책인데, 자기의 여성 성기를 인정하고 어머니의 여성성을 받아들여서 정상적인 여성이 되는 것이다. Ms A는 남성다워지려는 쪽을 선택하고 남자처럼 행동했다. 그러나 분석 과정 중에 오이디푸스 갈등이 풀리면서 여성성을 인정하게 되었다. 남편과 새로운 관계를 시작할 수 있었다. 지금부터 이 이야기를 하려고 한다.

분석이 진행되면서 Ms A는 나를 오이디푸스 대상, 즉 사랑받고 싶은 대상으로 보게 되었다. 사랑에 빠진 사람들이 연인을 이상화하듯이 그녀도 나를 슈바이처 박사 같은 인물로 이상화했다. 그녀에게 나는 완벽한 사람이었다. 지적이고 능력 있고 유명하고 인격적인 사람이었다. 그러나 그런 완벽한 인물은 세상에 없다. 다만 어린 시절의 아버지는 그렇게 완벽해 보일 수 있다. 그녀는 나를 유년기의 아버지로 착각하고 있었다. 나는 오이디푸스기의 아버지(Oedipal father)였다.

그녀는 꿈과 판타지를 통해 오이디푸스 소망을 보여 주었다. 어느 날 그녀에게 한 가지 생각이 떠올랐는데 나에게 "선생님, 저를 한 번만 안아 주세요"라고 말하는 상상이었다. 그녀는 당황했다.

그녀는 〈리빙 하바나〉(Leaving Havana)라는 영화를 보면서 문득 내 생각이 났다. 그 영화는 이데올로기가 다른 두

연인의 사랑 이야기였고 그녀는 분석가인 나와 자신의 관계를 생각했다. 영화를 본 날 밤 그녀는 꿈을 꾸었다. 꿈에서 Ms A는 내 방으로 잠옷을 입고 들어갔다. 그녀는 내가 거절할 것 같아 두려웠다. 잠옷은 성적 의미를 갖고 있었다. 또한 내가 스케줄 표를 줄 때 마치 연애편지를 받는 기분을 느낀다고도 했다. 그녀는 유년기에 아버지가 어머니에게 성관계를 요구할 때마다 어머니가 차갑게 거절했던 것과 '나라면 저렇게 차갑게 거절하지 않고 받아 줄 텐데'라고 생각했던 기억도 다시 말했다. 그녀는 이런 생각이 두려웠다고 했다. 그녀는 자신이 화장을 하지 않고 여성다운 옷차림을 하지 않았던 이유도 성숙한 여성 되기를 거부했던 것이고, 이는 아버지와 관계가 있는 것 같다고 했다.

　Ms A는 내 아내에게 질투심도 느끼기 시작했다. 한 번도 본 일이 없는 내 아내를 상상 속에서 질투했다. 어느 날 그녀가 연속극을 보는데 나이 든 귀부인이 나타났다. 귀부인은 지적이고 부유했다. 모든 사람에게 인기가 좋은 여인이었다. 연속극을 보다가 갑자기 '선생님의 부인 같다'는 생각이 떠올랐다고 한다. 갑자기 자신과 비교되며 그녀 스스로가 초라하게 느껴졌다. 무능한 못난이 같았

다. 비참한 기분이 들었다. 이유 모를 분노가 치밀었다. 분
석도 받고 싶지 않았다. 나를 만난다는 것이 무의미하게
생각되었다.

그 무렵 분석 시간에 Ms A의 침묵이 많아졌다. "말을
해야겠는데 할 말이 떠오르지 않아서 답답해요." 나도 답
답했다. 그녀는 나를 독점하고 사는 내 아내를 질투하고
있었다. 귀부인과 함께 사는 나도 미웠다. 그래서 침묵으
로 나를 공격하고 있었다. 나는 "연속극에서 귀부인을 보
면서 어떻게 내 아내 생각이 났을까요? 내 아내를 본 일
이 없을 텐데요?"라고 물었다. 그녀는 "글쎄요, 그게 나도
이상해요"라고 말했다. 그리고 자주 내 아내가 어떤 분일
까 상상했다고 했다. 나의 사랑을 받는 여인은 행복한 여
인일 것이라고 상상했다고 했다. 그리고 자신은 한 번도
누구에게 사랑받아 본 적이 없는 것 같다고 했다.

내 생각에 그녀는 어릴 때 경험했던 삼각관계를 분석
실에서 다시 경험하는 것 같았다. 오이디푸스 삼각관계
(Oedipal triangle), 즉 '아버지-어머니-어린 A'의 삼각관계
를 나와 내 아내, 그리고 Ms A의 삼각관계로 바꿔 경험하
고 있었다. 사랑하는 아버지를 독점해 버린 어머니, 사랑
을 빼앗겨 버린 어린 딸 A(Oedipal daughter)의 실망과 분노

가 느껴졌다. 유년기 오이디푸스 상황이 현재 분석 상황
에서 재현된 것이다. 그런데 일반적으로 분석 중 이 과정
은 통과하기가 대단히 고통스럽다. 성적 욕구와 죄책감,
질투와 후회가 터져 나오기 때문이다. 그러나 반드시 이
과정을 통과해야만 분석에 성공할 수 있다.

Ms A의
오이디푸스 콤플렉스가 풀리다

어느 날 카우치에서 Ms A는 긴 침묵 끝에 어젯밤에 있었
던 일을 이야기했다. "남편의 품에 안겨서 선생님 생각을
했어요. 남편에게 미안했어요. 이 일을 여기서 말할 수 없
었어요. 그래서 여기 오면서 제발 이 이야기만은 생각나
지 않기를 바랐는데 카우치에 눕자마자 이 생각부터 떠올
랐어요." 나는 그녀가 나에 대한 판타지 때문에 당황하고
부끄러워하는 것 같다고 말했다. 그리고 "그런 기분을 언
젠가 다른 곳에서 느껴 본 일은 없을까요?"라고 물었다.
그때 그녀는 어릴 때 기억을 말했다.
　까맣게 잊고 있던 기억이었다. 아버지와 어머니가 성교

하는 것을 보았다. 두 분은 모르고 있었지만 자기 혼자서 몰래 보고 있었다. 들킬까 봐 두려웠다. 다음 날 부모님을 봤을 때 당황했고 부끄러웠다. 아버지가 비밀을 다 알고 계시는 것 같아서 더욱 부끄러웠다. 어릴 때 부모의 성교 장면을 목격하는 것을 정신분석에서는 '원초경'(primal scene)이라 하여 매우 중요시한다. 원초경은 지나친 성적 자극을 주어 오이디푸스 갈등의 해소를 방해한다.

남성 공포증이 심한 여성이 있었다. 그녀는 직장에서 남자 직원이 자기 책상 쪽으로 접근해 오기만 해도 온몸에 소름이 돋았다. 그래서 예쁘고 유능한 여성이었지만 결혼을 포기한 상태였다. 흥미로웠던 것은 직장 동료 중 두 사람만은 가까이 와도 두렵지 않았다. 그중 한 남성과는 단둘이 여행도 다녀왔다. 한 사람은 친구의 애인이었고 다른 한 사람은 동성동본의 남성이었다. 둘 다 성관계가 일어날 수 없는 사이라고 믿고 있어 편했던 것이다. 비의식에서 그녀는 남성의 접근을 곧 성적 접근으로 해석하고 있었다. 그래서 28세가 되도록 한 번도 선을 보지 못했다.

원인은 원초경이었다. 그녀는 장녀였는데 매년 겨울만 되면 온 가족이 부모 방에 모여서 잤다. 겨울이면 연탄을

절약하기 위해 부모 방에만 불을 피웠기 때문이다. 어느 날 밤중에 부모의 성교 소리를 들었다. 아주 어릴 때는 아버지가 어머니를 때리는 소리라고 생각했다. 그러나 사춘기가 되고 성에 대해서 안 다음에는 마음이 복잡해졌다. 어둠 속에서 부모의 성교 소리를 들으며 성적 공상을 했다. 한 번은 어머니의 자리에 자기가 등장했다. 아버지와 성관계를 하는 상상을 했다. 너무나 무서운 상상이었다. 다음 날은 부모님 얼굴을 마주 볼 수도 없었다. 그 뒤로는 귀를 막고 잠자리에 들었다. 빨리 잠들어 버리려고 애도 썼다. 그러나 모든 관심이 부모의 이부자리 쪽으로 쏠렸다. 이런 갈등의 밤을 고등학교 2학년까지 보냈다. 이 갈등의 밤은 그녀가 도시로 유학을 가면서 끝났다. 그러나 도시의 자취방에서 다시 나타났다. 주인 부부의 침실로 관심이 쏠렸다. 공부하다가 주인 부부의 방에 불이 꺼지면 갑자기 불안해졌다.

그녀는 소리에도 아주 민감했다. 부스럭거리는 소리, 풀벌레 소리가 아주 작은 소리임에도 불구하고 신경이 많이 쓰였다. 부모의 이부자리에서 들렸던 소리 때문이다. 그래도 그녀는 공부를 아주 잘했다. 좋은 일자리도 생겼고 능력도 인정받았다. 그러나 남성과는 가까워질 수 없었다. 남성과 아버지를 동일시하고 있었다. 모든 이성관계나 성관계를 근친상간으로 해석하고 있었다. 오이디푸스 콤플렉스가 원초경 때문에 풀리지 못하고 있는 것이었다. 성적인 과잉자극이 아버지에 대한 집착을 만들고 말았다. 분석을 받으면서 갈등이 많이 풀린 그녀는 처음으로 선을 봤다. 선을 본 다음 날 분석 시간에 그녀는 미소를 지으며 나타났다. 흥미로운 경험을 했다고 한다.

선을 본 상대는 직장상사가 소개한 남자였다. 둘은 커피숍에서 만났다. 별로 끌리는 것이 없었다. 잠시 의례적인 시간을 보내고 일어났다. 남성은 계산하러 카운터로 갔고 그녀는 커피숍 문 앞에서 기다렸다. 기다리다가 우연히 계산대 앞에 서 있는 남성의 뒷모습을 보게 되었다. 그런데 이상한 감정 변화가 일어났다. 갑자기 그 남성이 좋아진 것이다. 자존심만 아니라면 어디 가서 좀 더 시간을 보내자고 말하고 싶었다. 그러나 그럴 수 없었다. 헤어지고 집에 왔으나 감정을 걷잡을 수 없었다. 그리움이었다. 아무리 생각해 봐도 이해가 안 되는 감정이었다. '내가 왜 이러지?' 그리운 감정은 고통스러울 정도까지 올라왔다. 서너 시간이 경과했다.

저녁 식사를 할 무렵이었다. 문득 계산대 앞에서 보았

던 그 남자의 뒷모습이 떠올랐다. 이어서 그 남자의 엉덩이 부분이 부각되어 떠올랐다. 그리고 어릴 때 보았던 아버지의 엉덩이가 떠올랐다. 소변보는 아버지의 엉덩이였다. 그리고 웃음이 튀어나왔다. 순간적으로 마음을 가득 채웠던 그 남성에 대한 그리움이 사라져 버렸다. 신기한 경험이었다. 어릴 때 부모님 방에는 요강이 있었다. 아버지는 요강에 소변을 보셨다. 아버지가 소변을 보실 때 어린 그녀는 호기심을 갖고 아버지의 엉덩이를 보고 있었다. 오이디푸스 시기의 소녀가 아버지에게 느끼는 호감은 강렬하다. 커피숍에서 본 남성의 엉덩이를 마음속의 아이는 아버지의 엉덩이로 착각했다. 그녀의 그리움은 오이디푸스기 딸의 감정이었다. 그래서 그토록 강렬했던 것이다. 그녀는 자기분석 능력을 발휘하였다. 청년의 엉덩이와 아버지의 엉덩이를 스스로 구별해 냈다. 쉬운 일이 아니었는데 비교적 건강한 사람이었기 때문에 가능했다. 비의식이 깨달아지면 이렇게 참을 수 없이 웃음이 나온다. 눈물을 터트리는 사람들도 있다.

또 한 가지 흥미로웠던 사건도 있었다. 그녀는 이상하게 고속도로를 싫어했다. 고속도로를 타면 불안했다. 출퇴근 시에는 주로 국도를 이용했다. 시간도 많이 걸리고 매우 불편했지만 그럴 수밖에 없었다. 그런데 어느 날 한 가지 생각이 떠올랐다. '우리 아버지가 고속도로관리공단에서 근무하는 것과 관련 있을지도 몰라.' 깨달음이 오면서 고속도로로 가 보았다. 그런데 신기하게도 다음 날부터는 고속도로를 달려도 아무렇지 않았다. 언제 그랬느냐는 듯이 불안하지도 않고 편했다. 고속도로는 아버지를 상징했다. 아버지 위를 달리는 것은 성적인 의미가 있었고 금지된 행동이었다. 그 후 그녀는 결혼했고 지금은 아이들과 행복하게 살고 있다.

이 여성에게서 확인할 수 있는 것이지만 오이디푸스 콤플렉스는 특별한 사람들의 것이 아니다. 우리 일상에 스며들어 있어서 주의를 기울이면 어디서나 볼 수 있는 갈등이다. 원초경은 자녀들에게 심각한 영향을 준다. 자식을 가진 부모가 조심해 줘야 할 부분이다. 어린 Ms A도 그날 원초경을 보았던 것이다.

이날 분석 시간에 Ms A는 자기가 나와 아버지를 동일시하고 있다는 것을 알게 되었다. 남편과 가진 잠자리에서 나를 생각한 것은 내가 아니라 실은 아버지를 생각한 것이었다. 그리고 이를 통해 아버지에게 성적 욕구를 느끼고 있었던 마음속의 아이를 발견했다. 근친상간적인 욕구였고 아주 두려운 욕구였다. 죄책감을 일으키는 욕구였다. 그래서 그녀는 아버지와 가까워질 수 없었다. 여성이될 수 없었고 화장도 할 수 없었다. 아버지를 알코올 중독자라고 무시하고 매도한 것도 실은 아버지와 거리를 두기위한 방편이었다. 그 증거가 술 선물이다.

그녀는 나에게 명절에 고급술을 선물했다. 나는 그녀에게 "선물을 고르면서 어떤 생각을 했나요?"라고 물었다. 잠시 당황하는 듯하던 그녀는 자기가 장학금을 받을 때마다 아버지에게 술 선물을 했다고 말했다. 술 마시는 아버지를 싫어하면서도 술을 선물한 자기 행동을 이해할 수없었다. 사실 아버지가 좋아하는 것을 드리고 싶은 마음이 더 지배적이었다. 드릴 수만 있다면 술을 마시는 아버지는 그렇게 큰 문제가 아니었다. 어릴 때도 아버지의 환심을 사고 싶었다. 그러나 아버지에게 내놓고 접근할 수없었다. 동생은 아버지 무릎에도 앉고 안마도 해드렸지만그녀는 아버지 몸에 접근할 수가 없었다. '동생은 어떻게저럴 수 있을까?' 하며 불안한 마음으로 멀리서 바라보기만 했다. 아버지에게 사랑받고 싶었지만 접근할 수는 없었다. 바로 친밀함의 문제였다.

이런 일도 있었다. 몇 년 전 아버지가 뇌졸중으로 쓰러지셔서 병문안을 갔을 때였다. 병간호를 하던 어머니가 잠시 자리를 비운 사이에 아버지가 대변을 보시겠다고 했다. 그녀는 난감했다. 옷을 내려 드리고 변기를 대 드려야 하는데 그걸 할 수가 없었다. 너무나 쉬운 일이고 딸로서 당연히 해야 할 일인 줄 알면서도 할 수 없었다. "아버지, 잠시만 기다리세요. 제가 어머니를 찾아올게요." 그리고 어머니가 달려와서 익숙하고도 편하게 대변을 처리해 드렸다. 어머니는 아버지의 벗은 몸을 천천히 닦아 드렸고 기저귀도 채워 드렸다. 아버지의 몸은 깡말라서 애처로웠다. 그녀는 아버지의 맨몸을 바로 볼 수가 없었고 왠지 마음이 불편해서 얼른 방에서 나와 버렸다. 그리고 아버지에게 죄송했다.

아버지의 몸에 손을 댈 수 없었던 것은 결단코 더러워서도, 병이 겁나서도 아니었다. 이해할 수 없는 두려움 때문이었다. 아버지의 몸에 접근하는 것이 두려웠다. 아버지의 몸에 접촉하는 것을 비의식 속의 아이는 성적 접촉으로 착각하고 있었다. 그래서 아버지와 거리를 두어야 했다. 그녀는 아버지뿐만 아니라 다른 남성들과도 거리를 두며 살았다. 남편과도 마찬가지였다. 남성과 친밀해지는 것은 두려움을 일으켰다. 그런 그녀가 남성 분석가인 나와 단둘이 매주 4시간씩 만나서 분석을 받는 것은 대단히 긴장되는 일이었을 것이다. 더구나, 앞에서도 말했지만, 그녀는 카우치에 누우면 무방비 상태가 된다. 초기에 그녀가 카우치에 눕기를 두려워했던 것은 나에게 비난받고 거부당하는 두려움 때문이었다. 그러나 심층에 또 다른 이유가 있었다. 성적 대상과 친밀해지는 것에 대한 두려움이었다. 그리고 보이지 않는 나의 움직임에 민감했던 것도 이런 성적 두려움 때문이었다. 그녀는 내가 나이 먹은 분석가이기 때문에 다행이라고도 했다. 이 말은 내가 늙어서 성적으로 안심해도 된다는 말이었다.

분석 시간에 그녀는 나를 볼 수 없다. 그래서 내가 내는 소리에 민감했다. 의자의 가죽에서 나는 소리, 글씨 쓰는 소리, 노트 넘기는 소리에 아주 민감했다. 내가 몸을 너무 자주 움직이는 듯하면 "선생님이 오늘은 많이 피곤하신가 봐요. 몸을 자주 움직이시네요"라고 말했다. 그러다 보니 나 자신도 되도록 소리를 내지 않으려고 노력하게 되었다. 남성과 아버지의 동일시, 근친상간의 두려움과 방어는 비합리적이고 말도 안 되는 착각이었지만, 그녀는 그렇게 착각하며 서른이 넘도록 살아왔다. 그리고 분석 시간에 그녀는 이런 마음의 현실을 생생하게 경험했고 이해했다.

물론 단시간에 깨닫고 이해한 일은 아니었다. 여기까지 도달하는 데는 수많은 저항과 해석이 필요했다. 표면적으로는 순식간에 깨달아 알게 된 것 같아도 그렇지 않다. 마치 어미 닭의 품 안에 있던 알이 때가 되면 병아리가 되어 껍질을 뚫고 나오는 것 같다. 자아가 분석 과정을 통해서 자란다. Ms A도 알을 깨고 나온 병아리처럼 자아의 성숙이 나타났다. 생활 속에서 행동이 변했다. 대인관계의 변화가 가장 두드러진 변화였다. 그녀는 결국 친밀함을 회복했다.

변화 첫째,
남편과 친밀해지다

그녀는 남편을 새롭게 발견하게 되었다. 그녀는 "요즈음 남편이 참 소중하게 느껴져요"라고 말했다. 전에는 박력도 없고 특징도 없는 지루한 사람이라고 생각했는데 요즈음은 변함없고 성실한 남편이 고맙다고 했다. 아침 출근길에 넥타이를 매고 있는 남편의 모습이 멋져 보였다.

남편은 저녁이면 맥주 한 잔을 즐긴다. 그녀는 이런 남편을 늘 비난했는데 요즈음은 싫지 않다고 했다. 오히려 "착실한 사람에게 저런 재미라도 있어야지"라고 생각한다고 말했다. 밤에 곤히 잠든 남편을 보며 행복감을 느낄 때도 있다고 했다. 남편과 둘만 있을 때도 일거리를 찾거나 다른 사람을 부르지 않게 되었다. 남편도 그녀의 변화를 눈치했다. 그녀가 바쁘게 서두르지 않고 차분해졌다고, 변했다고 말했다고 한다. 그녀는 분석의 효과라고 생각했다. Ms A는 성생활에 대한 이야기를 잘하지 않는 편이었다. 그러나 성생활의 변화도 추측해 볼 수 있었다. 분석 후에 처음으로 오르가슴을 느껴 본 여성도 있다.

변화 둘째, 아버지와 친밀해지다

이 무렵에 Ms A는 흥미로운 꿈을 꾸었다. 꿈에서 그녀는 아버지의 무릎을 베며 자고 있었다. 참 편하고 행복했다. 꿈속에서 아버지에게 "이제 죽어도 여한이 없겠어요"라고 말했다. 아버지는 웃으며 "별말을 다 한다"고 답했다. 기분 좋은 꿈이었다. 그녀는 꿈에 대해 얘기하며 아버지와 거리가 없어진 것 같다고 말했다. 그리고 분석 시간에도 긴 침묵을 즐기는 모습을 보였다. 그냥 이대로 말없이 있게 해 달라고 부탁하기도 했다. 카우치에서 자는 꿈도 가져왔다. 그녀도 카우치에서 자고 나도 자는 꿈이었다. 꿈에서 나를 깨우지 않으려고 조심했다고 했다. 내가 자기를 깨우지 말아 주기를 바라는 소망이 꿈으로 나타난 걸로 보였다.

그런데 아버지의 뇌졸중이 재발했다. Ms A는 주말마다 아버지를 찾아가서 병간호를 했다. 휴가를 내기도 했고, 아버지를 목욕시켜 드릴 때도 있었다. 이제는 이상하게도 아버지의 벗은 몸을 봐도 아무렇지 않았다. 고통받는 아버지가 너무 안쓰러워서 몰래 울었다. 아버지는 오히려 딸과 사위를 걱정했다.

아버지에게 죄송한 마음이 커진 그녀는 분석 시간에 카우치에 눕기를 거부했다. 두 가지 이유 때문이었다. "아버지가 누워 계신데 나까지 누우면 안 돼요." 그녀는 카우치에 눕는 것과 병상에 눕는 것을 동일시하고 있었다. 아버지처럼 병들까 봐 두려워하고 있었다. 카우치를 거부하는 또 하나의 이유는 "아버지는 저렇게 고생하는데 나만 편안히 누워서 호강할 수 없어요"였다. 결국 아버지에 대한 죄책감 때문이었다. 그러나 비의식이 분석되자 그녀는 곧 카우치에 누웠고 분석은 계속되었다.

하루는 아버지가 열이 높아서 밤새 간호를 하다가 Ms A 는 침대 옆 귀퉁이에 엎드려 잠이 들었다. 잠결에 문득 아버지 손길이 느껴졌다. 아버지가 마비되지 않은 손으로 그녀의 머리를 쓰다듬고 있었다. 사랑하는 아버지의 손길이었다. 어색함도 불편함도 없이 눈물이 날 것 같았다. 순간 아버지와 자기 사이를 가로막던 큰 산을 넘은 것 같다는 느낌이 들었다. 자연스러운 아버지와 딸의 관계였다.

그 후 약 3개월간 투병한 그녀의 아버지는 돌아가셨다. 장례식을 치르고 돌아온 Ms A에게 나는 먼저 위로를 전하고 "많이 우셨습니까?"라고 물었다. 아버지가 돌아가셨을 때 울지 못하는 사람들이 있다. 그건 아버지의 죽음에 대한 슬픔을 감당할 수 없어서 억압하기 때문이다. 이런 경우에는 억눌린 슬픔이 우울증이나 다른 신경성 질환을 일으킨다. 그래서 상을 당한 분들에게 나는 꼭 "많이 우셨습니까?"라고 묻는다.

Ms A는 많이 울었다고 했다. 다시는 뵐 수 없게 된 것이 슬프고 섭섭하지만 아버지는 예수를 믿었기 때문에 천국에 갔을 거라고 했다. 그리고 "분석받기를 잘했어요. 마지막 무렵에 그래도 딸로서 효도할 수 있었어요. 분석 덕분이에요"라며 밝게 말했다.

아버지와 그녀 사이를 가로막고 있었던 산은 무엇이었을까? 내 생각에 그것은 보이지 않는 마음속의 산이었다. 오이디푸스 콤플렉스라는 산이었다. 그 산을 넘고 나서 비로소 그녀는 장성한 딸로서 늙으신 아버지를 맨 얼굴로 만날 수 있었다. 잘 보이려는 가면을 벗고 그저 딸로서 현실의 아버지를 대할 수 있었다.

변화 셋째,
아들과 친밀해지다

프롤로그에 썼지만 Ms A가 분석을 받기로 결심한 이유는 아들 때문이었다. 그녀는 아들과도 가까워지지 못하는 자신을 발견하고 충격을 받았다. 그녀는 아이와 같이 있는 시간이 별로 없었다. 아이는 주로 외할머니 손에서 컸다. 자기가 일이 많고 너무 바쁘기 때문이라고만 생각했다. 아이는 아이대로 놀고 엄마인 Ms A는 자기 일을 했다. 일이 많아 젖을 먹이고 있을 시간이 없어서 모유를 주지 못했다. 아이가 네 살 때는 아이를 할머니 댁으로 보내 버렸다. 그녀의 승진시험 준비 때문이라고 했지만 실은 아들과 가까이 있는 것이 불편해서였다.

아들과 친근해지지 못하는 데는 이유가 있었다. 그녀는 아들과 남동생을 동일시하고 있었다. 비의식에서는 아들을 라이벌인 남동생으로 보고 있었다. 아들의 생일이 남동생과 같은 날이었다. 그리고 아들의 이름을 부를 때 자주 동생의 이름을 불렀다. 그녀가 네 살 때 남동생이 태어났다. 부모의 사랑을 독점해 버린 남동생에 대한 질투심이 아들에게 옮아간 것이다. 그래서 아들과 친밀해질 수가 없었다. 분석 중에 그녀는 아들을 할머니 댁에서 찾아왔다. 모자관계의 회복이었다.

분석이 일 년쯤 진행되었던 어느 날 그녀는 분석 시간에 인상적인 이야기를 했다. "저녁을 먹고 TV를 보고 있는데 제 아이가 제 목을 껴안으며 '엄마 사랑해'라고 말하는 거예요. 저도 반사적으로 아이를 꼭 껴안아 주었어요. 그때 문득 기분 좋은 느낌이 들었어요. '아, 이제는 내가 아이를 밀쳐 내지 않고 있구나'라고 깨달았어요. 제 어머니는 한 번도 저를 그렇게 안아 주신 적이 없었어요. 어머니는 늘 바쁘셨고 아버지 때문에 우울할 때가 많았거든요. '나는 내 아이에게 나처럼 불행한 인생을 물려주지 않겠구나' 하는 안도감을 느꼈어요. 우리 아이를 위해서도 정신분석받기를 참 잘했다는 생각을 했어요."

그녀는 이제 아이와 함께 있는 시간이 정말 행복하다고 했다. 어린이 놀이터에 함께 가서 그네도 태워 주고, 도서관에도 같이 다녔다. 아들 생일에는 아들의 친구들을 초대해서 파티도 열어 주었다. 그녀는 아들이 태어나 주어서 정말 고마웠다.

"부모님이 못다 키운 아이가
여기서 큰 것 같아요"

분석 종결기의 사건들

Ms A와 분석을 시작한 지 3년이 흘렀다. 그녀의 문제들이 풀렸고 대인관계도 호전되었다. 아이와 보내는 시간도 행복해졌다. 스스로 자기분석을 하는 능력도 생겼다. 카우치에 누워서도 익숙하게 연상을 하고 나름대로 해석할 정도가 되었다. 나는 이제 분석을 종결할 때가 되었다고 생각했다. 그녀도 무의식적으로 그런 생각이 들었나 보다. 그녀는 주차장에 세워진 내 차를 보며 다정한 느낌을 받았고, 문득 '몇 번이나 더 저 차를 볼 수 있을까?' 하는 생각을 했다고 했다. '선생님을 만나지 않고 나 혼자서 잘 살 수 있을까?' 하는 생각을 했다고도 했다. 그녀는 이별을 준비하고 있었다. 어느 날 아들과 병원에 놀러 와서 여기저기 사진을 찍기도 했다. 병원 화단의 꽃씨를 받아 가기도 했다. 병원의 꽃씨는 나를 상징한다. 꽃을 볼 때마다 나를 곁에 두고 있다는 안도감을 느낄 수 있을 것이다. 내가 "나와의 이별을 준비하시는 것 같습니다"라고 해석해 주었다. 그녀는 나만 괜찮다면 이제 종결해도 될 것 같다고 했다. 우리는 종결 날짜를 3개월 후로 잡았다. 이 3개월 동안 있었던 일들을 이야기해 보겠다. 남아 있던 갈등들이 튀어나오고 이별의 아픔을 통과한 후에 그녀는 평상심을 회복했다. 그리고 그녀는 새 생활을 향해서 떠났다.

종결 날짜를 잡은 후에 Ms A의 갈등이 재발했다. 예컨대 성차별에 대한 분노가 다시 터져 나왔다. 회식 자리에서 남성 동료가 "여성은 아이나 낳는 하등 동물이다"라고 말하자 분노가 울컥 치밀었다. 한마디 해 주고 싶은데 이상하게 온몸에 힘이 빠져 버렸다. 마비된 것 같았다. 화는 나는데 표현이 안 되었다. 집으로 돌아와 침대에 몇 시간을 누워 있어야 했다. 참 이상한 경험이었다. 이 경험을 분석했다. 분석을 통해서 그녀는 그 남성 동료를 성차별을 했던 아버지와 동일시했다는 것을 이해했다. 남동생만 예뻐했던 아버지에 대한 분노였다. 남근이 없다는 열등감이 자극될 때마다 그녀는 무기력 상태에 빠졌다. 종결기에 이 문제가 다시 드러났다. 그러나 이번에는 쉽게 분석되었다. 그리고 "지금까지 저는 부족한 공간을 채우려고 노력하며 안타깝게 살아 온 것 같아요"라고 말했다. 부족한 공간이란 남근이 거세된 육체적 공간을 의미하기도 했다. "감사하게도 정신분석을 통해서 나도 사랑받는 딸이 됐어요"라고 했다.

아버지에 대한 오이디푸스 욕구도 종결기에 다시 나타

났다. 이 욕구는 나와 헤어지는 시간이 다가오면서 다시 표면화되기 시작했다. 이 무렵 어느 날 분석 시간에 그녀는 여섯 살 된 아들 이야기를 했다. 아들이 "나는 엄마와 결혼할 거야"라고 했다고 말했다. 그러더니 놀이터에서 엄마의 실수로 그네에서 떨어졌을 때는 "엄마는 나를 괴롭히는 사람이야" 하고 자신에게 화를 냈다고 했다. 나는 그녀에게 오이디푸스 갈등을 해석해 주었다. "아들이 엄마를 사랑하지만 또 한편에서는 사랑하는 엄마 때문에 괴로운 것처럼 혹시 당신도 나를 좋아하지만 나 때문에 괴로운 건지도 모르겠다"고 말했다. 그녀는 자기 마음속에서 "선생님 때문에 괴로워요"라고 외치는 것 같다고 했다. 그리고 다음 시간에 오지 않았다. 물론 눈이 많이 와서 학교가 휴교를 할 정도이기도 했지만 그녀는 오지 않았다. 분석 시간에는 침묵이 길어졌다. 그리고 나의 겨울 휴가가 다가오고 있었다. 나는 여름과 겨울 두 차례의 휴가를 갖는다. Ms A는 이미 3년간 분석을 받았기 때문에 휴가에 대해서 알고 있었다. 그러나 정해진 휴가 날짜가 다가오면서 그녀는 외로움을 호소했다. 이번 침묵의 이유는 자기에게 관심을 기울여 주지 않는 나에게 화가 난 것이었다. 그녀는 판타지 속에서 나를 비난했다. '당신은 나에게 관심이 없어. 나에게 관심도 없는 당신에게 내가 무슨 할 말이 있겠어'였다. 그러나 그녀는 이것이 전이반응이라는 것을 스스로 깨달았다. 자기는 '아버지, 당신은 나에게 관심도 주지 않았지만 나는 이렇게 잘 살고 있어요' 하고 보여 주고 싶었다. 그리고 그녀는 스스로가 마음속의 아버지와 이렇게 살아왔음을 이해했다.

사랑받지 못하는 딸처럼 그녀는 나에게 분노했다. 자기가 사랑받지 못하는 이유는 무능하기 때문이라고 했다. 분노는 잦은 침묵과 휴가 기간 나에게 교통사고가 나거나 다른 불행한 일이 벌어질 것을 기대하는 판타지와 나의 건강에 대한 염려 등으로 나타났다. 그녀는 그 사이에 심리학자를 찾아가기도 했다. 그리고 종결기로 정한 남은 3개월을 채우지 않고 분석을 조기에 중단하려고도 했다. 나는 이런 반응들을 그녀가 탐색하도록 도왔고 이런 반응은 종결반응이라고 반복해서 해석해 주었다.

그러던 어느 날 Ms A는 자신이 매사를 나와 관련지어 생각했음을 이해하고 안개가 걷힌 듯 마음이 편해졌다고 했다. 그리고 대인관계에서도 남을 의식하지 않고 대화에 열중할 수 있었다. 참 기분 좋은 경험이었다고 했다. 자신의 인생이 주마등같이 보인다고 했다. 어머니에게도 동정심을 느꼈다. 아버지도 이해했다. 부모도 인간이니까 좋을 때도 있고, 나쁠 때도 있는 것이었다. 이런 감정을 가지고 어떻게 여기까지 살아올 수 있었는지 모르겠다고 말했다.

그녀는 그러고 난 후에도 여전히 버림받는 느낌 때문에 괴로워했다. 자신이 초라하고 못나 보여서 괴롭다고 했다. 그녀는 전에 그랬던 것처럼 허기진 듯 음식을 자주 먹게 되었다. 잠도 못 잤다. 그러나 그녀는 이런 행동들이 나를 잃어버리는 것과 관련이 있다는 것을 이해했다. 헤어짐의 아픔을 마음 깊은 곳에서 느낀다고 했다. 그녀는 "끝나지 않는 잔치는 없다"는 속담이 생각났다고 했다. 자기도 잔치를 끝낼 준비를 해야겠다고 했다. 잔치 이야기를 한 다음에 그녀는 신기하게도 일주일 이상 못 자던 잠을 잘 수 있게 되었다.

그러나 종결이 일주일 남은 날 그녀로부터 전화가 왔다. 오늘은 약속시간보다 빨리 만나고 싶다고 했다. 분석실에 들어온 그녀는 카우치에 눕기를 거부하고 앉아서 말하겠다고 했다. 그리고 화난 듯이 말하기 시작했다. 내가 그녀 자신의 분석에 실망했기 때문에 그녀와의 관계를 끝내려 한다고 따졌다. 또 그녀는 분석비를 정확하게 지불

했는데 내가 오해하고 있는 것 같다고 따졌다. 자기를 분석비나 떼먹는 치사한 사람으로 본다는 것이었다. 억울하다고 했다. 목소리는 컸고 매우 격앙되어 있었다. 그녀는 종결기에 나타나는 편집증 반응을 보이고 있었다.

나는 사실 그녀가 걱정되었다. 그래서 그녀가 나와 헤어지는 상황을 버림받는 것으로 이해하고 있는 것 같다고 해석해 주었다. 그녀가 못나고 부패해서 냄새나는 아이이기 때문에 분석을 종결하는 것으로 이해하고 있다고도 말해 주었다.

"Ms A는 분석을 종결하는 마당에 나에게 작별인사를 하기가 어려운가 봅니다. 나와의 관계를 계속하고 싶고 끝내고 싶지 않을 겁니다. 종결기에 사람들은 모두 이런 어려움을 느낍니다. 치료를 끝내고 헤어질 것을 생각하면 마음이 아프고 떠나라고 하는 나에게 화도 날 것입니다. 비의식에서는 이 분노를 자신에게 돌려서 자신을 비난하는 것 같습니다. 내가 Ms A를 싫어하고 무능력하게 본다고 생각하고 썩고 냄새나서 쫓아낸다고 생각하는 것 같습니다. 그러나 Ms A도 아시다시피 그건 사실이 아닙니다. 종결은 우리가 상의해서 결정한 것입니다. 내가 Ms A를 버리는 것이 아니라는 사실을 Ms A도 알 겁니다. 종결기에는 남아 있던 갈등이 표면으로 올라옵니다. 그래서 갈등을 잘 이해할 기회가 되기도 합니다. 아주 가치 있는 시간이 될 수도 있습니다." Ms A는 자기가 종결기 반응에 빠졌다는 것을 이해했고 곧 편집 상태에서 벗어났다. 이렇게 신속하게 빠져나오는 것을 보고 나는 그녀의 건강한 자아 기능을 확인했다. 그녀는 자기도 모르게 입가를 맴도는 시가 있다고 했다. 이런 내용이었다.

당신을 태운 배가 멀리 떠나고 있습니다.
나는 당신 없는 겨울을 생각합니다.
당신이 없어도 나는 자신을 더 아낄 겁니다.
내가 없는 날에 당신도 자신을 돌보며
건강하시기 바랍니다.

그녀는 나와 헤어진 후를 걱정하고 있었다. 내가 없는 쓸쓸한 겨울을 걱정하고 있었다. 그러나 이별을 현실로 받아들이는 것 같았다. 그녀는 자기 마음속의 아이가 "이제 나도 아버지, 어머니가 예뻐하는 딸이 되었어요"라고 말할 수 있게 되었다고 고백했다. 그러면서 눈물을 흘렸다. 자신을 부모도 사랑하지 않는 천덕꾸러기로 생각할 때 아팠다고 했다. 부모님 보기에 좋은 딸이었는데도 이를 알지 못했다고 했다. 분석을 경험하며 사랑할 줄도 모르고 부족만 느끼던 자신이 자라게 되었음을 고백했다. "부모님이 못다 키운 아이가 여기서 큰 것 같아요." 종결이 그냥 슬프기만 한 것이 아니고 앞으로의 생활이 기대된다고 했다. 분석 전의 자기 인생은 무거웠는데 이제는 편하게 살 수 있을 것 같다고 했다. 그리고 Ms A는 울었다. 그리고 부끄러운 듯이 자기가 끝까지 눈물만 보인다고 했다.

마지막 시간

마지막 시간에 Ms A는 나에게 "감사합니다"라고 말하고 싶어 했다. 그러나 공기 빠진 공같이 기운이 빠지고 목이 메어서 말이 안 나온다고 했다. 그리고 전날에는 집에 있는데 갑자기 꿈에서 깬 느낌이 들었다고 했다. 그렇게 오랫동안 분석 시간에 부모님 이야기를 했는데 자기가 착각에 빠져 있었다는 것을 알았다고 했다. "그러나 그 감정은 진실했어요. 분석실이 아니었다면 그런 감정을 지울 곳이 없었을 거예요." 그녀는 그동안 분석이 참 힘들었지만 자기가 열심히 진지한 노력을 기울였다는 생각이 든다고 했다. 하나님 보시기에도 자기가 예쁜 딸이 되었다고 했다. 높아진 자존감을 보이는 말이다. 이런 상태로 앞으로 열심히 노력하면 꿈도 이룰 수 있겠다고 했다. 내 덕분에 잘 살 것 같다고 했다. 그리고 "이별은 누구에게나 아프겠죠" 라고 했다. 나는 그녀가 말한 잠에서 깬 것 같다는 말이 전이의 해소 경험으로 들렸다. 그래서 그 말이 인상적이라고 말했다. 그리고 그동안 Ms A를 분석하면서 내게도 공부가 되었고, Ms A를 분석한 것을 자랑스럽게 생각한다고 말했다.

시간이 되어 나는 언제나처럼 "오늘은 여기까지 할까요?"라고 말했다. 그녀는 카우치에서 일어나 미소 띤 얼굴로 인사했고 나는 "건강하십시오"라고 인사했다. 나는 그녀가 자랑스러우면서 헤어짐에 아쉬움을 느꼈다.

분석을 종결하고 2주쯤 후에 나는 Ms A를 꿈에 보았다. 그녀는 얼굴이 핼쑥했다. 나에게 할 말이 있다고 했다. 나는 그녀를 분석실로 안내했다. 꿈을 깬 후에 나는 내가 그녀를 걱정하고 있다는 것을 알 수 있었다. 시집보낸 딸을 염려하는 아버지의 심정이었다. 그녀를 보내 놓고 내심 걱정이 되었던 것 같다. 인생은 만남과 헤어짐의 연속이다. 성장한다는 것은 헤어짐의 연습이다. 장성하면 아쉬워도 떠나야 한다. 정신분석 또한 그렇게 인생의 진리를 따른다.

종결 후에도 분석가는 피분석자의 마음에 남아 있다. 그녀가 자기분석을 할 때 때때로 내가 분석가로서 등장할 것이다. 분석을 마치면서 피분석자들은 분석가의 병원이나 집에서 상징적인 물건들을 가져가기도 한다. Ms A는 내가 근무하는 병원 정원에서 꽃씨를 가져갔다. 그녀는 꽃을 보면서 나를 생각할 것이다. 그러나 이제는 나를 비의식의 아버지로 보지 않고 현실적으로 자기분석을 돕는 내적 대상으로 활용할 것이다.

분석가와 피분석자의 독특한 관계

우리는 살아가면서 다양한 인간관계를 맺는다. 부모, 형제, 친구, 연인 그리고 직장 동료들….

나는 때때로 정신분석가와 피분석자의 관계가 참 특이하다는 생각을 한다. 분명히 업무 관계이고 인위적으로 만들어진 관계이다. 계약도 하고 분석비도 주고받는 관계이다. 하지만 세상의 어떤 관계보다도 더 친밀하다.

세상에 태어나서 한 번도, 그 누구에게도 보여 주지 않았던 마음의 은밀한 영역을 같이 탐험하는 관계이다. 자기 자신조차 두려워서 접근해 보지 못했던 마음의 특별한 영역을 분석가와 같이 항해한다. 너무 가깝지도 않고 너무 멀지도 않은 거리를 유지하면서 수년간을 항해한다. 분석 시간에 나눈 이야기는 아주 특별하기 때문에 그 얘기를 남편이나 친구에게 설명하기도 어렵지만 말해 주어도 이해하지 못한다. 이런 특별하고 개인적인 만남은 세상에 그리 흔치 않다. 갈등의 치료를 위해서 이런 특별한 관계는 필요하다.

분석 시간에 나와 피분석자가 맺는 관계에는 피분석자가 분석실 밖에서 일생 반복해 왔던 인간관계의 패턴이 그대로 드러난다. 그 인간관계의 패턴을 분석 시간에 나와 반복하고 있는 것이다. 이 대인관계의 패턴이 분석실에서 이해되고 풀리면 다른 인간관계의 갈등도 풀린다. 분석실 안에서 풀리면 분석실 밖에서도 풀린다. 갈등이 풀리면 인생이 편해진다. 친밀함을 느끼지 못했던 사람이 친밀함을 느낄 수 있게 된다. 이렇게 분석 과정은 인간의

내면생활의 갈등을 풀어 가는 과정이다.

어떤 한 사람의 내적 갈등과 그것이 풀리는 과정을 자세히 살펴본다는 것은 나 자신을 들여다보는 일과 같다. 거기서 나의 인생과 갈등을 볼 수도 있기 때문이다. 같은 인간으로서 가지는 공통점 때문에…. 이 책에서 정신분석의 전 과정을 소개하는 것도 그 때문이다.

분석 시간에 분석가는 굉장한 증오의 대상이 되기도 하고 뜨거운 애정의 대상이 되기도 한다. 감정은 마치 배에 불어닥치는 태풍처럼 덮쳐 왔다가 물러간다. 이때 분석가는 무게 중심을 잡고 배가 감정의 파도에 침몰하는 것을 막아 준다. 피분석자는 태풍을 통과하면서 자신의 비의식을 이해한다(self awareness). 비의식의 현실이 맑은 날 바다 위에 떠 있는 섬처럼 선명하게 이해되면서 피분석자는 비의식의 속박에서 해방된다. 심리적 감옥에서 풀려나는 것이다. 결국 자유롭고 편해진다. 자신만 편해지는 것이 아니다. 주변도 편해진다. 부모 역할도 제대로 하게 된다. Ms A는 "내 아이가 나와 같은 유년기를 보내지 않게 되어서 기뻐요"라고 말했다.

Ms A의 분석은 성공적이었다. 정신분석을 받고 마음의 현실을 이해했다. 그리고 자유롭고 친밀한 대인관계를 맺을 수 있게 되었다. 아는 사람을 만나면 피하고 싶던 그녀가 이제는 누구와도 반갑게 인사를 나누게 되었다. 직장에서는 늘 용건만 간단히 전하던 그녀가 이제는 업무 외의 이야기도 편안하게 주고받게 되었다. 전에는 상대방의 눈치를 보느라고 할 말을 참아야 했는데 이제는 편안히 말할 수 있었다. 아이와 같이 있는 시간이 불편했는데 이제는 그 시간도 행복해졌다. 남편과 둘만 있는 시간도 불편하지 않고 편하게 지내게 되었다. 그리고 어려서부터 같이 있는 시간이 늘 불편했던 아버지와도 편해졌다. 병든 아버지의 목욕까지 시켜 드릴 수 있게 되었다. 친구들 모임에서도 자신을 있는 그대로 보여 주었고 그래도 아무렇지 않았다. 자신만의 울타리에 갇혀 있던 그녀가 주변 사람들과 친밀함을 느끼며 살게 되었다. 분석이라는 긴 항해의 소득이었다.

비의식의 현실이 맑은 날 바다 위에
떠 있는 섬처럼 선명하게 이해되면서
비의식의 속박에서 해방된다.
심리적 감옥에서 풀려나는 것이다.
결국 자유롭고 편해진다.
자신뿐만이 아니다. 주변도 편해진다.

Part 2

우리 안에 있는
친밀함을 향한 갈망

1장

친밀함을 가로막는
마음의 장애물

친밀함이란 무엇인가

친밀함은 3가지 요소를 가지고 있다. 사람들이 서로 친밀함을 느끼기 위해서는 첫째 서로 통하는 느낌(connect)이 있어야 한다. 둘째는 서로 살피고 도와주어야(care) 한다. 상대에게 호감이 있어야 가능한 일이다. 이용 가치 때문에 좋은 것이 아니고 그냥 서로가 좋은 관계가 친밀한 관계이다. 셋째는 나눔(share)이다. 친밀한 관계는 이기적이지 않고 서로 좋은 것을 주고받는 관계이다. 예컨대 한 남자가 어젯밤에 만난 여인과 친해져서 섹스를 했는데 다음날로 헤어졌다고 하자. 이 두 사람은 친밀한 관계일까? 서로 통했고 육체적 쾌감도 나누었다. 그러나 '서로 돕고 있다(care)'고는 볼 수는 없다. 바로 '가짜 친밀함'(pseudo-intimacy)이다. 쾌감과 호감만 있고 상대방에 대한 배려가 없다면 허무한 만남일 뿐이다.

친밀함이 없다면

친밀함은 사랑, 섹스, 로맨스 그리고 우정과는 다르지만 친밀한 관계를 맺는 능력이 없으면 이 중 어느 것도 누릴 수 없다. 친밀함이 행복한 모든 인간관계에 에너지를 불어넣어 주기 때문이다. 만약 당신이 특별한 이유 없이 한 번도 사랑에 빠지지 못했고 상대와 심각한 관계가 될까 두려워하는 경향이 있다면, 친밀함의 문제가 없는지 생각해 봐야 한다. 혹은 누군가와 가까이 지내다가 헤어지는 일이 자주 반복된다면 그 또한 친밀함에 문제가 있다고 볼 수 있다. 특히 삶이 너무 외롭고 지루하다면 친밀함에서 문제는 없는지 고민해 봐야 한다.

대다수의 부부 문제는 친밀함의 장애에서 시작된다. 성격 차이가 부부 문제의 가장 많은 원인이라고 하지만 자세히 들여다보면 친밀함의 문제이다. 친밀함을 두려워하거나 어떻게 친밀해지는지를 모르는 부부가 의외로 많다. 성생활의 문제도 친밀함에서 시작된다. 성적 친밀함(sexual intimacy)도 심리적으로 친밀한 사이에서 가능하다. 동물의 성과 인간의 성이 다른 점이다. 심리적 친밀함 없이 성적 쾌감만 느낀다면 공허하다. 뭔지 모르지만 채워지지 않은 욕구 불만 상태에 빠진다. 빈 곳을 채워 보려고 성 중독에 빠지기도 한다. 심지어 정신질환도 친밀함에 대한 두려움에서 시작된다. 조현병의 가장 중요한 특징이 고립이다.

인생의 행복은 친밀함의 토양에서 피어나는 꽃이다.

친밀함을 회복하면 일도 잘되고 인생의 짐도 수월해진다.

사랑도 성공하고 부부생활도 잘된다.

친밀한 사람들에 둘러싸인 자신이 자랑스러울 수 있다.

친밀함은 자존감을 높여 준다.

행복지수가 올라간다.

친밀함은 바이러스로부터 우리 몸을 지켜 주는 면역세포와도 같다. 친밀함을 누리는 사람들은 스트레스라는 바이러스에 강하다. 친밀함은 직장 스트레스, 금전 스트레스, 가정 내 스트레스로부터 우리를 보호해 준다. 혹시 큰 병에 걸려도 누군가가 옆에 있으면 든든하다. 슬프고 억울한 일을 당해도 함께 아파해 줄 사람이 있다면 원기를 빨리 회복한다. 친밀함을 누리는 사람은 은행에 많은 돈을 예치해 놓은 부자와 같다. 인생의 어려움에 부딪쳐도 큰 고생을 하지 않고 잘 넘긴다. 또한 겨울에 두꺼운 코트를 입은 사람과 같다. 강추위가 몰아쳐도 코트가 따뜻하면 끄떡없다. 반면에 친밀함이 결핍된 사람은 코트 없이 겨울을 나는 사람과도 같다. 찬바람이 조금만 불어도 오들오들 고독감이라는 추위를 탄다. 심할 때는 정신질환이라는 폐렴에도 걸린다. 우울증에 빠지고 자살도 한다.

친밀함을 방해하는 인자들에는 의식적 인자도 있고 비의식적 인자도 있다. 이 책에서 나는 비의식적 인자들을 주로 다루었다. 주로 열등감, 시기심, 죄책감 같은 것이다. 친밀함의 문제가 정신분석을 통해서 풀리는 과정을 썼다. Ms A의 분석이 그들 중 하나이다. 비교적 성공적인 분석이었다. 독자들은 그녀를 통해 인간의 내면세계에 대한 많은 정보를 얻을 수 있었을 것이다. 그리고 Ms A의 이야기 속에서 자신의 모습도 보았을 것이다. 정신분석에 대해서도….

누구나 친밀함이 필요하다. 그리고 누구나 친밀함을 배울 필요가 있다. 친밀함은 혼자서 만들 수 없다. 둘이 만나야 한다. 자기가 가지고 있는 것을 주고받을 때 일어난다. 친밀함이란 남을 아는 것이고 나를 남에게 알려 주는 것이다. 아주 가까우면서도 분리된 주체성을 서로 인정해주는 관계이다. 2부에서는 친밀함을 방해하는 요소와 왜곡된 형태의 친밀함을 살펴보겠다. 그리고 이를 벗어나 친밀함을 증진시킬 수 있는 방법에 대해 이야기하겠다.

불완전한 주체성

미국의 정신분석가 에릭 에릭슨(Erick Erickson)은 주체성이 확립되지 못한 사람은 친밀한 인간관계를 맺을 수 없다고 했다. '나'가 확실해야 '너'가 확실해지고, '나와 너'가 확실해야 두 사람 사이에 인간관계가 이루어지고 친밀한 관계도 가능해진다. 그러나 내가 애매하면 상대방과의 관계도 애매해진다. 그래서 때로는 나의 색깔을 잃어버리고 상대의 색깔에 금방 물들어 버리기도 한다. 내가 분해되어 증발해 버리는 느낌에 빠지기도 한다. 그럴 때마다 매사에 자신감이 없어지고 깊은 절망감에 빠지게 된다. 이렇게 되면 상대방과 정상적으로 친밀한 관계를 맺을 수가 없다.

존재감을 확인하기 위해 번지 점프하는 사람

주체성이 애매한 사람들은 "내가 어디 있는지도 모르겠고 내가 누군지도 모르겠다"고 호소한다. 자기의 존재감이 사라지는 느낌을 받는 것이다. 이 느낌은 말로 표현하기 어려울 정도의 불안과 허무감을 일으킨다. 망망대해에서 침몰하는 배에 타고 있는 기분이고, 커다란 뱀의 뱃속으로 빨려 들어가는 느낌이라고 한다. 그래서 어떤 이들은 자기 존재감을 확인하기 위해 모험을 시도하기도 한다. 번지 점프도 그런 예에 속한다. 두려운 상황에 자신을 던지고 두려워하는 자신을 보면서 자기 존재감을 확인하는 것이다.

내가 정신과 군의관으로 근무할 때였다. 반복적으로 자해하는 사람도 보았다. 청년이 자신의 배에 그은 흉터가 마치 그물 같았다. 칼처럼 넓은 흉터도 있었고 가느다란 것들도 있었다. 청년은 이렇게 설명했다. "문득 어두운 우주에 혼자 떠 있는 듯한 느낌이 들 때가 있어요. 그럴 때는 너무 두려워서 면도칼로 배를 그어요. 통증이 오고 새빨간 피가 팍 솟으면 그 순간에 마음이 진정돼요. 내가 살아 있다는 느낌이 오면서요." 사람은 혼자 있을 수 있는 능력(ability to be alone)이 생길 때 어른이 된다. 주체성이 확립된 사람은 굳이 자기 확인이 필요 없다. 혼자 있어도 스스로 자기 확인이 가능하기 때문이다. 칼로 몸을 상하게 하지 않고도 자기 존재감을 느낄 수 있다. 그러나 이 청년은 우주 속에서 자신이 공중분해 될까 봐 두려워 거기서 빠져나오기 위해 자해행위가 필요했다. 주체성이 확립된 사람들로서는 이해하기 힘든 심리작용이다.

주체성이란 무엇인가? 시간이 흐르고 환경이 변해도 자신은 변하지 않는 동일한 존재라는 자기 인식이다. "나는 초등학교 때나 지금이나 동일한 존재이고 연속성을 가진 존재야"라고 인식해야 한다. 우리 인생의 어느 토막을 잘라 보아도 거기에는 우리 자신이 있다. 동일성이다. 그리고 오늘의 나는 갑자기 하늘에서 떨어진 존재가 아니라 유년기부터 많은 경험을 겪으며 성장해 온 역사성을 가진 존재이다.

주체성은 자기 이름이 불릴 때 확인된다. 자신의 이름을 불러 보라. 어떤 한 인물이 떠오를 것이다. 그것이 나의 정체성이고 주체성이다.

유아기의 친밀함을 좇았던 사춘기 학생

사춘기는 주체성에 유난히 관심을 가지는 나이다. 사춘기의 우리는 끊임없이 자신에게 묻는다. '나는 누구인가? 나는 괜찮은 인간인가? 아니면 형편없는 인간인가? 남들은 나를 어떻게 볼까?' 사춘기에는 성 호르몬이 급격히 증가하기 때문에 신체 변화가 급격히 일어난다. 빠르게 변하는 자신의 외모를 거울로 자주 보게 된다. 자신의 내부에서 일어나는 조절하기 어려운 충동 때문에 죄책감이 생기고, '나 아닌 다른 못된 내가 있지 않나?'라고 의심하게 된다. '나'의 주체성에 대해 의문이 생기고, 인생과 미래에 대한 의문이 생긴다.

청소년은 아직 주체성이 확실하지 않기 때문에 자기 평가의 진폭도 크다. 모의고사라도 잘 보는 날이면 자신이 굉장히 잘난 사람 같고 구름 위에 뜬 기분이 된다. 세상이 발아래로 보인다. 그러나 친구가 선생님에게 칭찬 듣는 것을 보면 갑자기 친구와 나 자신이 비교되고 자신이 초라해 보여서 죽고 싶어진다. 친구가 가진 것은 다 좋아 보이고 부럽다. 친구의 작은 키도 결점으로 보이지 않고 야무져 보인다. 이에 반해서 자신에게 속한 것은 모든 게 시시해 보인다. 키가 큰 자기는 '키 크고 속없는 놈'으로 보인다. 자기 부모님도 친구의 부모와 비교할 때 시시해 보인다. 자기 부모가 사회적으로 훨씬 성공했는데도 그렇다. "남의 손의 사과가 더 붉게 보인다"는 속담처럼 친구의 손에 든 사과만 붉게 보이는 것이다. 그러나 청소년기를 벗어나면서 자아 주체성이 확립되면 이런 동요는 많이 줄어든다. 자기를 객관적으로 보는 눈이 생기기 때문이다. 자신의 능력의 한계, 강점과 약점, 인생관과 가치관을 알게 되며 자기 스타일, 자기 입맛이 확실해지기 때문이다. 청소년기에 잘 걸리는 정신장애가 주체성 장애이다.

A군은 18세의 고3 학생이었다. 아버지는 의사였다. A군이 자신의 뒤를 이어 의사가 되어 줄 것이라고 믿고 있었다. A군은 공부도 잘했고 부모님 말씀에 순종하는 착한 학생이었다. 그런데 어느 날 A군이 가출하여 행방불명되었다. 경찰에 신고를 하고 백방으로 수소문한 끝에 A군을 찾았다. 한 달 만이었다. 놀랍게도 A군은 어느 뒷골목 맥주홀의 웨이터 노릇을 하고 있었다. A군의 행동은 도무지 이해할 수 없는 것이었다. 그래서 정신과 의사를 찾게 되었다.

A군의 이야기를 종합해 보면 이렇다. 고등학교에 입학한 후부터 왠지 모르게 마음이 우울해지고, 만사가 시시하게 느껴지고 재미있는 일이 없어졌다. 막연한 불안감에 휩싸이고 특히 장래 걱정이 많아졌다. 고등학생이 된 오늘까지 자신은 착하고 공부 잘하는 모범생이었지만 '정말 그럴 필요가 있는 것인가?' 하는 회의가 생기기 시작했다. 그동안 공부 잘하는 친구들하고만 사귀었는데 껄렁한 친구들과도 어울려 보았다. 그러나 어느 쪽도 자신의 마

음을 충족시켜 주지 못했다. 대학 선택도 갈팡질팡했다. 부모님이 원하는 의대에 꼭 가야 할 이유가 없다고 생각했다. 목표를 의과대학에서 철학으로 바꾸었다. 다시 상과대학으로 바꾸었다가 육군사관학교로, 그리고 다시… 혼란스러웠다. 무엇이 자신에게 맞는 일인지 도무지 알 수 없었다. 자신이 누구인지도 몰랐다. '진짜 나는 누구일까? 어떤 직업이, 어떤 친구가 나와 어울리는 것일까?' 맥주홀에 취직한 것은 자신을 찾아보려는 노력이었다. 그러나 그는 아직도 자신이 누구인지 모르겠다고 말했다. 주체성의 혼란이었다.

A군처럼 직업 선택과 친구 선택의 곤란, 진정한 자신에 대한 회의를 특징으로 하는 정신장애를 '주체성 장애'라고 한다. 청소년기에 흔히 경험하는 문제 중의 하나다. 그후 A군은 두 번을 더 가출했다. 친밀한 관계에 대한 그리움 때문이었다. 부잣집 아들이고 모범생이었지만 그는 고독했다. 부모와 선생님들 그리고 친구들까지 모두 점수에만 관심이 집중되어 있었다. 그에 대한 모든 평가는 점수로 나왔다. 모의고사 점수가 잘 나온 달에는 귀족 대우를 받는다. 그러나 점수가 떨어지면 문제아 취급을 받는다. 점수가 잘 나온 급우는 으스대고 은근히 사람을 무시한

다. 그런 급우를 보면 구역질이 났다. 학교가 살벌한 전쟁터 같았다. 소위 '범생이'들과는 친해질 수가 없었다. 점수 기계, 위선자들 같았다.

뒷골목에서 만난 아이들은 달랐다. 음지에 사는 그들은 진실했다. 말투는 무식하고 거칠었지만 인정이 많았다. 무엇보다 그들과는 경쟁할 필요가 없었다. 좁은 방에서 붙어 자도 불편하지 않았다. 생라면을 먹으며 몸은 춥고 불편했지만 마음은 편했다. 같은 처지라는 동지의식에 기분 좋았다. 그들과 백화점에서 물건도 훔쳤다. 라면이나 생활용품 같은 것들이었다. 공범의식도 친밀함을 높여주었다. A군은 뒷골목에서 친밀함의 맛을 보았다. 집에서도, 학교에서도 맛볼 수 없었던 친밀함이었다. 습기 차고 냄새나는 지하실 골방에 살면서도 친밀함의 맛은 정말 좋았다. 이 맛이 그리워서 그는 두 번을 더 가출했다.

그러나 그는 자신의 장래를 걱정할 수밖에 없었다. '이건 아닌데…' 하는 회의가 자꾸 일어났다. 정신과 의사는 그에게 5년 후의 자신의 모습을 그려 보게 했다. A군은 진통 끝에 마침내 자신의 선택으로 의대에 갔다. 뒷골목 생활이 주체성 확립에 도움이 되었다고 했다. 자기가 있을 곳이 뒷골목이 아니라는 것을 확인했고, 의사라는 직업이 자기에게 맞는다는 개인적 확신을 얻을 수 있었다. 아버지의 기대를 충족시켜 드리는 차원이 아니었다.

친밀함은 매력적이다. 하지만 A군이 방황할 때 가졌던 친밀한 관계는 일시적인 친밀함이다. 유아기적 주체성을 가지고 맺은 관계였다. '나는 누구인가?'에 대한 확실한 답을 얻었을 때 인간은 어른이 된다. 그리고 다른 어른과 성숙하고 친밀한 관계를 맺을 수 있게 된다.

부인과의 잠자리를 피하는 남편

자신의 남성다움이 확실한 남성만이 여성과 친밀한 이성관계도 맺을 수 있다. 성 주체성이 확립되지 못한 남성은 이성관계를 회피한다. 성적 만족감도 느끼지 못한다.

늘 늦게 귀가하는 남편이 있었다. 그래서 부부관계도 거의 가질 수 없었다. 부인은 남편이 술 마시고 노름하느라 정신이 팔려서 집에 늦게 온다고 생각했다. 그러나 알고 보니 남편은 부인과의 잠자리가 두려워 귀가가 늦어진 거였다. 부인이 잠드는 시간을 기다렸던 것이다. 남편에게 발기부전이나 조루증 등 성적인 이상은 없었다. 다만 성적(性的) 주체성 장애가 문제였다. 그는 "나는 남자다"

라는 자기 성 주체성이 확고하지 않았다. 어릴 때 여자애 같다고 놀림 당했고 그 때문에 고민도 많던 사람이었다.

그는 부부관계가 불편하고 밤이 두려웠다. 그렇다고 부인이 아마존의 여전사처럼 사나운 여인이냐 하면 그것도 아니었다. 사근사근하고 지극히 여성스러운 여자였다. 자기 성 주체성이 확실하지 못한 사람은 이성과 정상적인 관계를 맺기가 어렵고, 이성에게 친밀함을 느낄 수가 없다. 부부관계를 가지는 것도 힘이 든다. 자기 주체성의 기초 위에서 모든 인간관계가 맺어지기 때문이다.

미녀는 괴로워

나는 영화 〈미녀는 괴로워〉를 감동적으로 보았다. 주인공 강한나 양은 뚱뚱하고 결코 예쁘다고 말할 수 없는 외모로 고민하고 있었다. 그녀는 노래를 아주 잘했지만 뚱뚱한 외모 때문에 무대에 설 수 없었다. 미녀 가수가 립싱크를 할 때 뒤에서 노래를 불러 주는 얼굴 없는 가수였다. 그녀가 가장 비참했던 것은 예쁘지 않다는 이유로 그녀를 멸시하는 감독과 주변 사람들의 태도였다. 미모는 그 자체가 인격이었다. 그녀는 예뻐지기로 결심하고 생명을 건

전신 성형수술을 받았다. 과거의 자신을 죽이고 새 인생을 만드는 작업이었다.

그녀는 수술로 딴사람처럼 날씬하고 예뻐졌다. 그리고 당당하게 무대에 서게 되었고 감독의 사랑도 쟁취했다. 미모와 함께 모든 행복이 굴러오는 듯했다. 그러나 문제가 발생했다. 외모는 수술로 바꿀 수 있었지만 그녀의 정체성은 바꿀 수 없었다. 앞에서도 설명했지만 정체성이란 자기 인식이고 자기 평가다. 유아기부터 오늘날까지 가졌던 대인관계 경험을 통해서 형성된 것이다. 자기 인생의 시간성과 역사성이 정체성에 녹아들어 있다. 초등학교 때의 나와 현재의 나는 정체성의 관점에서는 동일하다. 정체성 같은 심리적이고 내적인 환경은 외모처럼 쉽게 바꿀 수가 없다. 그녀의 '못난이 자화상'은 수술로 바뀌지 않았다. 변한 외모와 변함없는 정체성 간에 충돌이 일어났다. 성형수술을 받은 환자들이 흔히 부딪치는 문제이다. 그녀는 정체성의 혼란에 빠졌다. 마침내 고백한다. "나도 내가 누구인지 모르겠어요." 남의 정체성으로 사는 사람은 비참하다.

내가 이 영화에서 가장 감동을 받았던 장면은 그녀가 성형수술 사실을 고백하는 장면이었다. 정신의학적으로는 자기 정체성을 회복하는 순간이었다. 그녀는 무대 위에서 "성형수술을 했지만 내 이름은 강한나입니다"라고 밝혔다. 성형수술 후 그녀는 자기 이름을 강한나에서 제니로 바꿨다. 사람의 이름은 정체성을 대표해 준다. '제니 정체성'에서 '한나 정체성'으로 복귀한 것이다. 본래의 자기 정체성을 밝히는 용기 있는 행동이었다. 모든 영광을 버릴 각오가 서 있을 때 가능한 영웅적 결단이었다. 남의 정체성으로 산다는 것이 얼마나 부질없고 괴로운 것인가를 경험한 사람만이 이런 결단을 내릴 수 있다. 이 부분에서 나는 강한나 양을 따라 울었다.

흥미로웠던 점은 이 고백 후 그녀가 훨씬 밝고 당당해졌다는 것이다. 먹고 싶을 때 먹고 노래 부르고 싶을 때 노래를 부른다. 그녀는 예전에 남의 눈치를 보며 남의 평가에 의지했지만 이제는 자기 판단을 존중하게 되었다. 전에는 남이 무시할까 봐 먹지도 못하고 큰 소리로 울 수도 없었다. 억울해도 화낼 수가 없었다. 소극적으로 혼자 숨어서 비관만 할 뿐이었다. 그러나 자기 정체성을 회복한 후 그녀는 아주 건강하게 변했다. 자기 인생의 주인이 되었다.

자기 인생의 주인으로 사는 사람은 강하고 행복하다.

자장면 한 그릇을 먹어도 주인으로서 먹는 사람이 있고 남의 종으로 먹는 사람이 있다. 종으로 사는 사람은 '남들이 모두 자장면을 먹으니까' 하고 남의 입맛으로 사는 사람이다. 그렇게 먹는 자장면이 맛있을 리가 없다.

종으로 사는 사람들은 '남들이 예쁘게 봐 주는 체중이 이상적인 체중이다. 내 체중은 무조건 비만이다'라고 생각한다. 이런 이유로 살과의 전쟁을 벌이는 젊은 여성이 많다. 정상체중을 가진 여성들이 비만 클리닉을 찾는 경우가 의외로 많은 이유가 여기에 있다. 남의 안경을 쓰고 자신을 평가하고, 남의 입맛에 맞추어 사는 사람은 자기를 잃어버린 사람이다. 영화 속의 강한나 양처럼 정체성의 혼란에 빠진다. 자신감도 없고 우울증에 쉽게 빠진다. 이렇게 살다가 자살 기도를 하는 사람도 있다.

예쁜 여자를 존중해 주고 가산점을 주는 사회적 분위기에도 문제는 있다. 그러나 더 중요한 것은 내가 나 자신의 주인으로 사는 것이다. 자기 정체성으로 살아야 한다. 남의 입맛에 자기를 맞추려 하지 말고 자기 입맛으로 사는 삶이다. 이렇게 살 때 살맛이 나고 인생의 고난을 뚫고 나갈 힘이 나온다.

'나는 누구인가?'의 정체성이 확실한 사람들은 자신의

강점과 약점을 잘 안다. 남 앞에서 과장할 필요도 없고 기죽을 필요도 없이 있는 그대로의 자신을 수용한다. 자신의 가치를 인정한다. 자기 가치를 부정하는 사람은 뿌리 없는 나무와 같고 바람에 나는 겨와 같다. 위태로운 인생을 사는 사람이다. 주체성이 확실하고 자기 가치를 아는 것이 인간관계의 기초다. 나의 가치가 분명할 때 너의 가치도 분명해진다. 너와 나의 경계도 분명해진다. 너와 나의 구분이 선명할 때 인간관계가 가능해진다. 이런 선명한 인간관계 속에서 친밀함도 맛볼 수 있다.

죽도록 힘든 열등감

열등감은 인간을 가장 힘들게 하는 감정이다. 모든 신경증의 기저에는 열등감이 있다. 사람이 한 번 열등감에 빠지면, 그 부분에서는 이성적으로 생각하기가 힘들어진다. 열등감은 비교에서 나온다. 잘 살던 사람도 자기가 알던 누군가가 자신보다 돈을 더 벌었다거나 승진을 했다거나 자녀가 더 좋은 대학에 갔다거나 하면 우울해진다. 열등감이 있으면 다른 사람과 친밀한 관계 맺기가 힘들다. 다

른 이가 내가 부족한 사람임을 알게 될까 봐 두렵기 때문
이다.

외모 열등감

코에 대한 열등감으로 괴로운 여성이 있었다. 남들은
모르는 그녀만의 고민이었다. 그녀는 코가 예쁜 여성을
보면 기가 죽었다. 남들 앞에 서면 모두 자기 코만 보는
것 같았다. 그래서 대인관계가 편치 않았다. 박사학위까
지 딴 지적인 여성이었지만 코 문제만큼은 이성적일 수
없었다. 사람을 만날 때도 되도록 거리를 두고 앉았다. 남
편도 코 때문에 자기를 무시하는 것 같았다. 그녀는 코 이
야기만 나오면 감정적이 되고 말았다. 예컨대, 어느 날 남
편이 TV를 보다가 예쁜 탤런트를 보고 "야, 참 예쁘다"고
감탄했다. 그녀는 갑자기 화가 났다. '저 사람 나 들으라
고 하는 소리야? 내 코를 비웃고 있는 거지.' 화가 난 그
녀는 "그렇게 예쁘면 가서 그 여자랑 살아요"라고 쏘아붙
였다. 한바탕 부부싸움을 하고 나서 그녀는 씁쓸하고 비
참한 기분이었다.

그녀는 결국 코 성형을 했다. 수술은 아주 잘되었다. 그

러나 반창고를 떼고 자기의 변한 코를 본 순간 그녀는 충격을 받았다. 낯선 코가 거기에 있었다. 자기 얼굴 한가운데 정체불명(?)의 코가 앉아 있었다. 남의 옷을 입은 것 같았다. 어색하고 불편하고 창피하고…. 그런데 상태를 더욱 어렵게 만든 것은 남편이었다. 그녀의 코를 처음 본 순간, 남편은 어색한 웃음을 지으며 "괜찮네"라고 말했다. 그건 그녀가 기대했던 반응인 "예쁘네"가 아니었다. 성형수술을 한 사람에게 가장 중요한 것은 수술 후 처음 보는 사람들의 반응이다. "예쁘다, 정말 예쁘다", "수술하길 참 잘했다"라고 말해 줘야 한다. 주변의 반응이 부정적이면 그들은 치명적인 상처를 입는다.

그녀도 불행한 경우였다. 남편의 시큰둥한 반응이 그녀를 강타했다. 다시 원상복구하고 싶었지만 재수술도 할 수 없었다. 그날부터 그녀는 외출할 수가 없었다. 부득이 나갈 경우에는 검은 선글라스에 마스크를 쓰고 다녔다. 얼굴을 보지 않으려고 집안의 거울도 모두 없애 버렸다. 상가를 걸을 때도 쇼윈도에 비치는 자신의 코를 보지 않으려고 바닥만 보고 다녔다. 그녀는 결국 휴직까지 하고 두문불출하며 숨어 살았다. 허구한 날 남편과 울며 소리 지르고 싸웠다. 잠도 잘 수 없었다. 그러다가 문득 '이러다가 내가 폐인이 되겠다' 하는 생각이 들었고 친정어머니와 함께 정신과를 찾게 되었다.

알고 보니 그녀의 '코 콤플렉스'는 어머니와 관련이 있었다. 그녀는 어려서부터 어머니를 싫어했다. 어머니는 냉정하고 극성스러운 분이었다. 유순하고 친절한 아버지는 항상 어머니의 밥(?)이었다. 아버지는 돈 잘 버는 변호사였다. 그래도 어머니는 입만 열면 아버지를 무능한 인간이라고 무시했다. 그럴 때마다 아버지는 자리를 피하거나 침묵하는 게 고작이었다. 어린 그녀는 구박받는 아버지가 불쌍했다. 아버지를 구박하고 무시하는 어머니가 미웠다. 어머니는 같은 말도 아프게 말하는 분이었다. "아이고, 못난 것이"라고 빈정거리거나 조롱하는 말투였다. 그녀는 어려서부터 지금까지 어머니에게 한 번도 위로나 칭찬을 받아 본 기억이 없었다.

그리고 어린 시절 유난히 아픈 기억을 갖고 있었다. 초등학교 1학년 때였다. 엉덩이에 부스럼이 났다. 엄마에게 달려가서 "엄마, 엉덩이가 아파" 하며 팬티를 내리고 엉덩이를 보여 주었다. 그때 엄마는 몹시 화를 내며 "계집애가 어디서 그렇게 함부로 엉덩이를 까 보이니?" 하고 나무랐다. 그녀는 몹시 부끄러웠다. 팬티를 다시 올릴 수도 없고 그대로 있을 수도 없었다. 당황해서 어찌할 바를 몰랐던 기억이었다. 그녀는 이 일을 이야기하면서 엉엉 울었다. 잊을 수가 없다고 했다. 이상하게도 어머니를 생각하면 늘 이 일이 생각난다고 했다. 이런 것은 정신분석에서 아주 의미 있는 기억으로 본다. 엉덩이에 부스럼이 난 어린 딸은 어머니의 도움이 필요했을 것이다. 어머니의 위로를 기대하고 달려갔는데 반대로 어머니는 차갑게 책망했다. 수치심을 주었다. 아이의 감정은 복잡했을 것이다. 이것은 '상처 받은 기억'(traumatic memory)이다. '나는 부끄러운 아이야'라는 '수치심'이 그녀의 의식 세계로 들어왔다. 코에 대한 열등감도 이 수치심과 관련되어 있었다. '부끄러운 아이'의 '부끄러운 코'였던 것이다. 그래서 부끄러운 코를 제거하고 싶었다.

그녀가 자기 코를 부끄러워하고 미워하고 제거하고 싶었던 데는 또 다른 이유가 있었다. 자기 코가 어머니의 코와 닮았기 때문이었다. 아버지의 코는 오뚝한데 어머니의 코는 주먹코였다. 자신의 주먹코는 어머니를 상징했다. 미운 어머니가 자기 얼굴의 중심에 자리 잡고 있었다. 비난하는 어머니, 수치심을 불러일으키는 어머니, 미운 어머니가 거기에 있었다. 코 열등감 뒤에는 어머니에 대한

감정이 숨어 있었다.

　그런데 여기서 한 가지 의문이 생겼다. 미운 코를 성형수술로 제거했는데 왜 우울증이 생긴 것일까? 두 가지 설명이 가능했다. 하나는 수술 후 정체성의 혼란이 온 것이다. 주먹코는 미웠지만 어려서부터 지금까지 익숙한 자기 신체상(身體像)은 주먹코였다. 그런데 어느 날 갑자기 오뚝한 코가 등장하면서 혼란에 빠졌던 것 같다. 신체상은 정체성의 기초다. 신체상은 마음속 깊은 곳인 비의식에 각인되어 있다. 비의식은 낯선 오뚝한 코와 익숙한 주먹코 사이에서 혼란스러웠을 것이다. 앞 장에서도 설명했지만 정체성의 혼란은 인간에게 위기감을 준다. 이는 망망대해의 어둠 속에서 길을 잃은 기분이다. 블랙홀에 빨려 들어가는 기분이다. 조현증 환자들이 분열증에 빠져 들어갈 때 경험하는 기분이다. 수술 후 그녀는 정체성의 혼란을 겪은 것 같다. 많은 성형수술 환자들이 이런 경험을 한다.

　그녀가 성형수술을 받고 우울증에 빠진 또 하나의 이유는 어머니에 대한 죄책감과 어머니를 잃어버린 상실감 때문이었던 것 같았다. 상징적인 행동이지만 주먹코를 제거한 것은 어머니를 제거한 것이며 어머니에게 죄송한 일이다. 죄책감은 우울증의 원인이 된다. 어머니를 향한 딸들의 마음은 복잡하다. 미우면서도 마음의 다른 한편에서는 늙은 어머니를 동정하고 또 어머니에게 사랑받고 싶어 한다. 마음속의 아이가 어머니를 잃어버리면 인생의 강력한 후원자를 상실하는 것이다. 그녀의 마음속 아이는 객지에서 어머니를 잃은 아이처럼 두렵고 외로웠던 것 같다. 이 상실감이 우울증의 원인이었을 것이다.

그녀가 이런 마음속의 비밀을 이해하고 직장에 복귀하는 데는 거의 일 년이 걸렸다. 그녀의 표현으로 '지독한 세월'이었다고 했다. 성형수술 후유증이었다. 예뻐지기 위해서 기계적으로 얼굴만 고치면 인생도 달라질 것을 기대하는 사람들이 성형수술을 받는다. 열등감도 극복될 것이라고 믿는다. 그러나 인생은 그렇게 일차함수처럼 쉬운 것이 아니다. 열등감은 그 뿌리가 훨씬 깊다. 성형수술을 받기 전에 자신의 신체적 열등감에 대해서 더 깊이 생각해 볼 필요가 있다. 만약 눈에 열등감이 있다면 '언제부터 눈에 대한 열등감을 느꼈는가?', '그 눈은 누구 눈을 닮았는가?', '눈에 대한 나의 감정은 어떠한가?', '수술 후 나의 모습은 어떻게 될까?' 등 고민하는 시간이 필요하다. 조용히 눈과 관련된 생각을 써 보는 과정도 좋다.

열등감 중 가장 많은 열등감이 외모 열등감이다. 전체

의 거의 60퍼센트 정도나 된다. 그중에서도 눈 열등감이 가장 많다. 그래서 그런지 성형수술 중 쌍꺼풀 수술이 가장 많다. 다음이 코와 가슴 순이다. 외모 열등감은 사회적 분위기와도 관계가 있다. 어릴 때부터 예쁜 아이는 사랑받고 예쁜 여성은 특별대우를 받는다. 흥미로운 실험을 보았다. 고속도로에서 차가 고장 났을 때 여성이 보닛을 열어 놓고 서 있는 실험이었다. 뚱뚱하고 예쁘지 않은 여성이 서 있을 때는 아무도 거들떠보지 않고 씽씽 지나가 버렸다. 그런데 날씬하고 아름다운 여성이 서 있을 때는 상황이 달라졌다. 여러 대의 차가 멈췄고 운전자들이 그녀에게 달려왔다. 예쁜 여성은 예쁘다는 이유만으로 사회에서 특권을 누린다. 이렇게 외모에 대한 사회적 가치는 높다. 반면에 예쁘지 않은 여인은 홀대를 당한다. 그래서 열등감을 느끼기 쉽다. 예쁜 아이 옆에 서면 기가 죽는다. 그러나 하나님은 모든 인간을 그 나름대로 가장 완벽하게 창조하셨다. 누구나 그대로 우주에 하나밖에 없는 걸작품이다. 외모만 아름다운 것보다 내면의 아름다움이 배어나는 모습이 더 아름답게 느껴지는 경험은 누구나 겪어 보았을 것이다.

능력 열등감

공부 못하는 동생은 공부 잘하는 언니 앞에서 열등감을 느낀다. 게다가 어머니마저 "네 언니 반만이라도 따라가 봐라"라고 비교하면 열등감은 더 심해진다. 여교수 B가 생각난다. B교수의 언니는 수재였다. 게다가 언니는 어찌 나 착한지 집에서는 물론이고 학교에서도 칭찬이 자자했다. 언니는 학교에서 학도호국단 대대장도 했다. 언니가 물려주는 책은 하도 깨끗해서 늘 새 책 같았다. 교복도 늘 새것 같았다. 어머니는 언니밖에 몰랐다.

한번은 B교수가 학급에서 일등을 했다. 너무 기뻤다. '어머니가 이번에는 나를 알아주시겠지' 기대하며 성적표를 내밀었다. 그러나 어머니의 반응은 냉랭했다. "자랑하지 마. 네 언니는 항상 일등이었어." 이 얘기를 전하면서 B교수는 울었다. B교수는 언니에게 늘 열등감을 느끼며 살았다. 그리고 30대가 되도록 자기는 이 열등감을 보상받기 위해서 산 것 같다고 했다.

언니는 일찍 결혼해서 평범한 주부가 되었지만 그녀는 이를 악물고 공부했다. 외국 유학시절에는 영양실조로 온몸이 부어오르기도 했다. 결국 그녀는 박사가 되었고 교수도 되었다. 그런데 아직도 언니를 생각하면 열등감을 느낀다. "언니는 조카들과 형부랑 행복하게 사는데 나는 결혼도 못하고 이러고 살고 있어요. 내가 뭘 위해 살아 왔는지도 모르겠어요." 마음속에서 그녀는 항상 성공적인 언니 앞에 서 있는 패배자였다. 그녀는 언니를 천사라고 했다. 신앙도 좋고 마음도 착해 어려운 사람들을 도우며 사는 모습을 보면 존경스럽다고 했다. 그렇게 좋은 언니와 친해지고 싶은데 이상하게도 그게 잘 안 된다고 했다. 언니 집을 방문해도 자고 올 수가 없다고 했다. 열등감의 심리는 상대를 경쟁자로 보게 만든다. 마음속의 아이가 언니를 경쟁자로 보고 있었다. 이성적으로는 천사 언니지만 비의식에서는 그녀 자신을 짓밟고 전리품을 독점한 승리자였다. 이런 마음을 가지고는 언니와 친해질 수 없다. 열등감이 친밀함을 방해하고 있기 때문이다.

직장 동료들 간에도 '능력 콤플렉스'가 작용하면 친밀함을 느끼기 어렵다. 실적이 좋은 동료, 윗사람들에게 인정받는 동료에게 열등감이 느껴지면 동료애는 증발한다. 더구나 그 동료가 자기 성취를 자랑이라도 하는 날에는 그가 적으로 보이기까지 한다. 우리 사회의 많은 직장인들이 '능력 콤플렉스'에 빠져 있다. 대부분의 능력 콤플렉스는 실제 능력과는 관계가 없다. 객관적으로 능력이 뛰어난 사람도 콤플렉스에 빠진다. 경쟁이 심한 사회, 인간의 가치를 실적으로만 평가하는 사회가 되어 버렸기 때문이다.

누구도 늘 실적이 좋고 잘나갈 수만은 없다. 그런데 어쩌다가 한 번이라도 실패하면 심한 열등감에 빠지는 사람들이 있다. 회사에서도 실적이 시원찮으면 사람 취급을 안 한다. 불량품이나 장애물 취급을 한다. 회사의 성장을 방해하는 장애물 말이다. 인간을 평가하는 가치가 실적이나 돈이 되었다. 오로지 경쟁만 있을 뿐이다. 한 인간으로서의 가치는 발 붙일 틈이 없어졌다. 이런 사회적 분위기에서 열등감은 습기 찬 곳에 곰팡이처럼 피어난다. 스트레스도 심해지고 정신질환도 많이 발생하는 환경이다.

동료에게 느끼는 동료애와 친밀함은 햇빛처럼 인간을 치유한다. 비인간적인 직장에서 윗사람에게 책망을 듣고 의기소침해 있는 직장인이 있다고 하자. 열등감을 느끼고 비참한 기분에 빠져 있을 때 사정을 아는 동료가 조용히 다가와 어깨를 감싸 주기만 해도 큰 위로가 된다. "내가 아는 넌 정말 괜찮은 놈이야. 스스로 너무 작아지지 마." 이런 말을 해 주는 동료가 있다면 그 사람은 행복한 직장인이다. 우리의 직장에 이런 위로를 주는 동료가 많았으면 좋겠다.

열등감은 어린애처럼 왜곡된 시각으로 자신을 평가하기 때문에 생긴다. '나는 눈이 작아서 못난이야. 사람들은 나를 무시할 거야'라거나 '나는 고졸이라 창피해. 대졸은 돼야 사람대접을 받을 거야' 하는 식이다. 그러나 우리는 한 미모의 처녀가 화상으로 험한 얼굴이 되었어도 보람차게 살고 있는 것을 안다. 오늘도 그녀의 시를 읽으며 많은 이들이 감동한다. 그녀의 이야기를 들으며 많은 이들이 좌절에서 일어서고 있다. 지위를 잃고 돈을 잃으면 불편하기는 하지만 인간으로서 자기 가치까지 상실하는 것은 아니다. 그 누구도 내게서 지구상에 유일무이한, 한 인간으로서의 의미와 가치를 빼앗아 갈 수 없다. 그렇게 보이는 사람이 있다면 그건 허상이다. 오직 자신만이 자신을 불량품, 못난이로 전락시킬 수 있다.

스스로 떳떳한 사람은 남이 무시하는 태도로 나와도 그 앞에서 열등감을 느끼지 않는다. 우리는 사물에 대해서 생각하는 대로 느낀다. 자신에 대해서도 그렇다. 자신을 못난이로 생각하면 열등감을 느끼게 되어 있다. "나는 남보다 더 나을 것도 없고 그렇다고 더 천할 것도 없다. 다른 사람이 나보다 좀 더 예쁘고, 좀 더 지위가 높고, 좀 더 가졌을 수는 있다. 그렇다고 내가 열등한 인간이 되는 것은 아니다. 나와 다른 사람들은 모두 인간으로서 각자 자기 인생을 산다. 자기에게 주어진 자기 몫을 사는 것이다." 이렇게 건강하게 생각하며 살기 위해서는 성장 과정의 어딘가에서 우리의 의식 안으로 들어온 열등감이 우리를 지배하지 못하도록 조치를 취해야 한다.

병적 완벽주의

완벽주의는 열등감의 또 다른 모습이다. 완벽주의자들은 자신이 완벽하고 탁월한 존재가 돼야 사람들의 인정과 사랑을 받을 수 있다고 생각한다. 그렇지 못하면 사람들에게 무시당하고 부끄러운 인생을 살게 될 것이라고 믿는다. 실패를 예상만 해도 열등감을 느낀다. 실패가 두려워 아무것도 하지 않기도 한다. 대인관계에서도 완벽한 사람으로 보일 수 없을 것 같으면 피해 버린다. 병적 완벽주의자는 너무 완벽해서 오히려 사람들이 접근하기 어렵다. 완벽주의자들이 고독하게 사는 이유가 여기에 있다. 사람이 그립고 친밀한 사람들 속에서 쉬고 싶지만 사람들에게 다가갈 수도 없고 사람들의 접근을 허용하지도 않는다. 병적 완벽주의자가 이렇게 완벽을 추구하는 이유는 열등감 때문이다. 무시당하고 버림받을 것이 두렵기 때문이다. 자기방어를 하고 있는 것이다. 그런 생활이 즐거워서가 아니다. 일에 성공해도 희열이나 만족감은 없다. 다만 '창피당하지 않고 잘 넘어갔어' 하는 안도감을 느낄 뿐이다.

인간은 불완전하다. 완벽은 하나님의 영역이다. 때로는 실수도 하고 생각지 못하게 실패하는 것이 인생이다. 이런 과정을 밟으면서 인간은 성장하고 돕는 이웃도 만난다. 그리고 도움을 준 이웃이 고마워서 세상이 따뜻하게 느껴진다. 이런 약함이 인생의 매력일 수 있다. 서로 결점을 드러낼 수 있을 때 사람들은 더 친해진다. 맑은 물에는 고기가 살지 않는다. 병적 완벽주의자들은 자신을 포함해 '모든 인간은 불완전하고 실수도 할 수 있는 존재로 태어난다'는 사실을 받아들여야 한다. 좀 덜 완벽해도 친구들은 떠나지 않는다. 오히려 인간적인 매력을 느낄 것이다.

정신분석을 받고 있는 한 청년이 있었다. 완벽주의자였다. 예의 바르고 매사에 기계처럼 정확했다. 분석 시간도 칼처럼 완벽하게 지켰다. 그러던 그가 어느 날 지각을 했다. 그는 한 시간 내내 지각한 이유를 장황하게 변명했고 죄송하다는 말을 반복했다. 몹시 불안해했다. 나는 세상에는 예기치 못할 일이 발생하기 때문에 지각할 수도 있다고 생각한다고 말해 주었다. 그리고 다만 우리가 분석 중이기 때문에 지각할 만한 비의식적 의미가 혹시 있는가 생각해 보자고 했다. 내 말을 듣고 그는 안심하는 것 같았다. 그날 이후로 그는 눈에 띄게 편해졌다.

그는 "전에는 침묵이 흐르면 불안했는데 요즈음은 이상하게 침묵이 흘러도 편해요"라고 말했다. 전에는 분석 시간에 할 말을 미리 준비해 온 듯 총알처럼 쉬지 않고 말했다. 침묵이 두려웠기 때문이다. 침묵은 자기가 완벽하지 못한 피분석자임을 드러내는 것이었다. 침묵에 내가 비난할 거라 예상했고 두려웠다. 그러나 그는 그날 지각 사건에서 깨달았다. 완벽하지 않아도 됨을, 완벽하지 않아도 비난받지 않는다는 것을 깨달았다. 그 후로 그는 눈에 띄게 편해졌다. 물론 여기에는 전이의 변화 등 많은 이야기가 숨어 있다. 그러나 어쨌든 그는 지금까지 자기가 살아왔던 것과는 다르게 살 수 있게 되었다. 완벽하지 않아도 되는 편한 세상을 살게 되었다.

열등감을 극복하기 위해서 좀 더 적극적이고 공격적으로 사는 것이 좋다. 세상에는 '숨는 사람'과 '찾아 나서는 사람'이 있다. 열등감이 심한 사람은 자꾸 숨는다. "나는 바퀴벌레 같아요. 사람들이 나타나면 숨을 구멍을 찾고 있어요"라고 말하는 사람도 있었다. 숨고 도망 다녀서는 자기 가치를 확인할 수 없다. 바퀴벌레처럼 심리적으로 습기 찬 구멍 속에서 일생을 마칠 수도 있다. 그러니 '찾아 나서는 사람'이 돼야 한다. 자기 가치감을 높여 줄 일을 찾아 나서야 한다. 어려운 이웃을 돕는 일도 좋다. 열등감에 사로잡혀 외롭게 사는 사람들을 도울 수 있다. 열등감으로 아파 본 사람들이 가장 잘할 수 있는 일이다. 모든 일을 다 잘하려고 하지 말고 한 가지라도 자신이 잘할 수 있는 일을 찾아서 할 것을 권한다.

19세기의 심리학자인 제임스 박사의 '자아 존중감 공식'은 흥미롭다.

$$자아\ 존중감 = \frac{성공(success)}{욕심(need)}$$

자아 존중감은 욕심을 줄여야 높아진다는 공식이다. 자신에 대한 기대와 욕심이 클수록 실망이 크고 자아 존중감은 떨어진다. 자신에게 지나친 기대를 걸지 말아야 자존감이 높아지고, 또 다른 측면에서는 성공과 성취가 클수록 자아 존중감이 높아진다. 자기 욕구와의 싸움에서 이긴 성공 경험은 자존감 지수를 높여 준다. 수학에 열등 감이 있던 학생은 수학에서 97점을 맞고 자존감이 올라 갔다. 자기보다 더 어려운 사람들을 도우면서 자존감이 올라간 사람들도 있다. 자위행위를 심하게 하던 학생은 자위행위를 중단한 후 자존감이 높아졌다. 술 마시던 사람이 술을 끊으면서 자존감이 높아졌다. 이런 성공을 위해서는 적극적이어야 한다. 숨는 사람이 되어서는 기회를 잡을 수 없다.

슈나이더의 인상적인 시 한 편을 소개하고 싶다.

그대는
남의 손끝에서 놀기 위하여
태어난 것이 아닙니다.

군중 가운데 한 사람이 되기 위하여
태어난 것도 아닙니다.

그대는
그대만이 이룩할 수 있는
독특한 인간이 되기 위하여

태어났습니다.

그대를 제쳐 놓고,
지구상의 그 누구도,
그대가 될 수 있는
그 인간이 될 수는 없습니다.

본인까지 망가뜨리는 시기심

친밀한 관계 형성을 방해하는 또 하나의 원인은 시기심(envy)이다. 시기심은 다른 사람의 성공이나, 미모, 뛰어난 능력을 볼 때 억울하고 화가 나는 심리를 말한다.

상대 앞에서 자신이 초라하게 느껴지기 시작하면 사람들은 화가 난다. 그래서 자신을 초라하게 만드는 상대를 파괴하고 싶어진다. 그 사람의 행복과 성공을 파괴하여 불행하게 만들어야 한다. 상대를 공격하고 상대가 비참해지는 것을 볼 때 기분이 좋아지는 심리이다.

오랜 우정을 망친 집들이

시기심이 많은 사람은 누구와도 원만한 관계를 갖기 어렵다. 상대방이 나보다 나아 보이는 것을 견딜 수 없기 때문이다. 또한 시기심을 느끼게 하는 대상과는 겉으로는 친한 척해도 진정으로 친밀한 관계를 가질 수 없다. 자신을 괴롭게 하는 대상이기 때문이다. 공부도 잘하고 선생님의 총애를 받는 학생을 왕따시켜 자살까지 이르게 하는 것도 시기심 때문이다. 또한 돈도 잘 벌고 행복한 가정을 가졌고 자식들이 잘되는 친구를 욕하는 것도 시기심 때문이다. 시기심은 병적 증오심을 유발하며 대단히 파괴적이어서 "시기심은 독사와 같다"라는 말도 있다.

E부인은 황당한 일을 겪었다. 새 집으로 이사하고 친구들을 초대했다. 부인의 집은 호화주택은 아니었지만 친구들 집 중에서는 가장 크고 좋았다. 가구점을 경영하는 친정 동생 덕에 아주 고급스러운 가구들을 거의 반값에 들여놓을 수 있었다. E부인은 허리띠를 졸라매고, 먹고 싶은 것도 참고, 그 흔한 해외여행도 한 번 가지 않고 피나게 절약하며 살아왔다. 부인은 자신의 노력의 결과인 새 집이 자랑스러웠고, 참아 준 가족들이 사랑스러웠다.

그런데 같이 기뻐해 줄 거라고 생각했던 친구들의 반응

은 차가웠다. "집은 큰데 북향이라 춥겠다. 나 같으면 이런 집 거저 주어도 안 살 것 같아. 소파가 외제라면서 촌스럽다. 외제도 싼 것들이 많으니까…. 벽지는 비싼 것 같은데 색깔이 너무 충충해서 우울증에 걸리겠다. 거실은 넓은데 그림이 분위기에 맞지 않아." 친구들은 정성스럽게 차린 음식도 먹는 둥 마는 둥 하고 서둘러 떠나 버렸다. 그 후로 들려오는 소리들은 더 지독했다. "비싼 가구 자랑하는 것을 참기 힘들었다", "집을 사느라고 빚을 너무 져서 곧 파산할 거다" 등등…. E부인은 억울했다. 어릴 때부터 친한 친구들이 너무나 차갑게 변해 버렸기 때문이다.

E부인의 새 집이 친구들의 시기심에 불을 질렀던 것이다. 그래서 "슬픔은 나누기 쉬워도 기쁨은 나누기 어렵다"는 말이 있다. 시기심의 심리를 아는 사람들은 행복과 성공을 드러내지 않는다. "이 집은 북향이고 집 살 돈이 모자라서 은행 빚을 냈는데 너무 많이 빌린 것 같아. 종부세도 걱정이야." E부인이 그랬더라면 친구들의 시기심은 발동하지 않았을 것이다. "네가 무리해서 새 집을 장만하느라고 고생이 많았구나. 북향이긴 해도 집이 널찍해서 참좋다. 새 집 장만한 거 축하해" 하며 맛있는 음식을 즐기고 떠났을 것이다. 시기심은 우정을 파괴하고 친구를 불

행하게 만들고 싶은 욕구를 불러일으킨다.

한 부인은 고교 동창인 친구를 시기했다. 그 친구가 너무 행복해서 배가 아팠다. 친구의 자식들은 모두 일류대학을 나왔고 남편은 유명한 교수였다. 또한 친구는 성공한 화가였다. 신앙도 좋아서 주일이면 온 가족이 교회에 나갔다. 거기에 비해서 부인의 남편은 무직자이고 딸은 유부남을 유혹하여 결혼했다. 자기도 화가지만 친구의 천재성을 따라갈 수 없었다. 친구의 그림을 볼 때마다 그녀는 '저 애는 천재야. 어떻게 저렇게 자연스럽게 표현할 수 있을까? 하나님도 불공평하시지. 왜 저 애에게만 저런 재주를 주시는 거야?' 하는 시기심이 절로 생겼다. 친구를 생각만 해도 자신이 초라해졌다. 비참했다. 그리고 친구가 죽이고 싶도록 미웠다. 갖은 험담과 모함으로 친구를 파괴하려 했다. 그러나 그 친구의 우정은 한결같았다. 그럴수록 천사인 척하는 친구가 더 얄미웠다. 그런데 어느 날 그녀가 유방암으로 투병할 때 그 친구가 찾아왔다. 자기를 위하여 눈물을 흘리며 기도하는 친구를 보면서 그녀의 시기심은 사라졌다. 감사가 시기심을 녹여 버렸다.

시기심은 인격이 미숙하고 나이가 아주 어릴 때 나타나는 감정이다. 인격이 성숙해지면서 감사할 줄 알게 된다.

"친구야, 개인전 축하한다. 나는 네가 내 친구라는 게 자랑스러워. 그동안 네 집안에 어려움도 많았는데 잘 극복하고 이런 감동적인 그림들을 그려 주었구나. 고맙다"라고 진심으로 말할 수 있다면 성숙한 사람이다. 친구의 슬픔뿐만 아니라 친구의 기쁨도 함께 나눌 수 있게 되었다면 성숙한 사람이다. 미숙한 사람은 행복한 친구를 볼 때 시기심이 독사처럼 꿈틀거리며 올라온다. 인격이 자라서 성숙한 어른이 될 때 비로소 시기심 없이 친구의 성공을 기뻐하고 감사할 수 있게 된다. 그럼에도 불구하고 어른들이 사는 이 세상의 도처에서 시기심을 만나게 된다.

시기심은 자신의 인생도 망친다

일류대학에 다니는 여학생을 상담한 일이 있었다. 자신을 시기하던 친구 때문에 우울증에 빠진 학생이었다. 어느 날 그녀는 동창회 모임에서 한 친구를 만났다. 모임을 마친 뒤 친구가 이야기 좀 하자고 했다. 그리고 친구는 그녀에게 충격적인 이야기를 했다.

"너는 몰랐겠지만 나는 네가 너무나 얄미웠어. 너는 예쁘고 공부도 잘했고 선생님들의 귀여움도 독차지했잖아.

그림도 잘 그렸고… 나는 너를 이기고 싶었어. 그러나 시험 때마다 나는 너를 이길 수가 없었어. 네 성적이 월등했거든. 나는 네가 미웠어. 네가 잘난 체하는 아이였다면 너를 마음 놓고 미워할 수 있었을 거야. 그런데 너는 말없이 네 할 일만 하는 아이였어. 나는 절망감을 느꼈어. 나는 어떻게든 너를 이겨야 했어. 너는 일류대학에 들어갔고 나는 대학 입시에서도 실패했어. 학원에서도 나는 오직 너만 생각하며 공부했어. 너를 이기기 위해서, 그리고 네 콧대를 꺾어 주기 위해서…. 그러나 세 번을 입시에서 떨어지고 도저히 너를 이길 수 없다는 것을 알았어. 절망이었어. 어떻게 살아야 할지 방향을 잡을 수가 없었어. 나는 자포자기했고 망가질 대로 망가졌어. 매일 술로 살았지. 원하지 않은 임신이 돼 유산시켰어. 너 때문에 내 인생은 망했어. 너는 이렇게 순탄하게 잘 나가는데 나는 지금 몸도 마음도 엉망이야. 너에게 이런 사실을 알리기라도 해야겠다고 생각했어. 그래서 오늘 동창회에 나온 거야. 네가 이런 사실조차 모른다면 내 인생이 너무 억울하다고 생각지 않니?"

친구의 고백을 들은 여학생은 큰 충격을 받았다. 자신도 모르게 친구의 인생이 자기 때문에 파괴되어 가고 있었던 것이다. 세상이 무섭다는 생각도 들었다. 시기심은 상대방을 파괴할 뿐만 아니라 자신도 파괴한다. 그리고 친하다고 생각했던 친구관계를 망친다. 만약 그 친구가 고등학교 때 급우에게 시기심을 느끼는 대신에 친밀함을 느꼈다면 상황은 달라졌을 것이다. 급우의 성공을 기뻐했을 것이고 행복한 마음으로 살 수 있었을 것이다. 자랑스러운 친구를 가진 흐뭇함이 스스로의 자존감을 높여 주었을 것이다. 급우에게 "넌 어떻게 그렇게 공부를 잘할 수 있니?" 하며 공부하는 방법을 배웠을 수도 있다. 시기심은 투쟁과 좌절, 절망, 자포자기적 생활, 임신과 유산, 급우에 대한 분노의 증폭 같은 불행의 악순환을 만들었다. 그런데 이런 시기심의 불행이 우리 주변에 만연하고 있어서 걱정이다.

겉으로는 다정한 친구인데 속으로는 친구가 망하기를 바라는 사람들이 있다. 한 회사원은 동료 직원이 교통사고로 병원에 입원했다는 소식을 듣고 병문안을 갔다. 친구는 다행히(?) 다리 골절만 입었다. 의사는 머리를 다치지 않아서 다행이라고 했다. 병문안을 다녀오면서 그는 자신에게 실망했다. 자기가 은근히 친구의 불행을 즐기고 있었다는 사실을 깨달은 것이다. 뿐만 아니라 더 불행해

지기를 바라고 있었다. '머리라도 다쳐서 혼수상태에 빠질 것이지.'

시기심은 유치한 것이고 비인간적인 것이지만 인생 도처에서 나타난다. 그리고 친밀한 관계와 행복한 삶을 파괴한다.

시기심 피하기

시험 보는 날 "나는 공부 하나도 안 했어. 큰일 났어"라고 호들갑을 떠는 친구들이 있다면, 시기심을 피하기 위해서 자신을 낮추고 있다고 볼 수도 있다. 노래방에서 "나는 노래 못해요"라고 빼는 사람도 있다. 명품 옷을 입고 나타났을 때 주변에서 "와, 예쁘다. 그거 명품이지요?"라고 칭찬하면 "아녜요. 세일할 때 아주 싼 값에 산 거예요. 그리고 구닥다리예요. 벌써 일 년 전에 산 거예요"라고 옷의 가치를 부정하는 사람도 있다. 이런 행동은 자존감이 낮을 때도 나타나지만, 그렇지 않은 경우라면 다른 사람의 시기심을 유발하지 않으려는 노력이기도 하다. 시기심이 얼마나 무서운 것인지를 알기 때문인 것이다.

남들의 시기심이 두려워서 성공을 피하고 패배를 선택

하는 사람도 있다. 일류대학에 갈 실력인데도 부득부득 우겨서 엉뚱한 대학에 진학하는 학생도 봤다. 그 학생은 최고의 자리에 올라간 사람을 시기하고 미워했던 경험이 있는 학생이었다. 일류대학에 들어가면 자기가 시기했던 것처럼 남들도 자신을 증오하고 파괴하려고 공격할 거라는 두려움이 있었다. 방어기제 투사(Projection)를 쓸 때 이런 심리가 된다. 남의 시선을 끌지 않는 대학이 시기심의 공격을 피할 수 있는 안전한 대학이다. 그래서 가장 안전한 대학인 삼류대학을 택한다. 이렇게 어떤 사람들은 시기심의 공격을 피하기 위해서 자기를 낮추고 비하하고 자학까지 저지른다. 남의 시기심을 산다는 것은 그 정도로 두려운 일이다.

그러나 친밀한 관계에서는 칭찬과 찬사를 들을 때 긴장하지 않는다. 진심으로 기뻐해 주고 있음을 알기 때문이다. 그리고 친구에게 기쁜 일이 있을 때는 자기 일처럼 마음속에서 기쁨이 일어난다. 친구가 기쁠 때 자기도 행복했던 기억이 있기 때문이다. 안심하고 기뻐하고 축하할 수 있다. 친밀한 사이에서 기쁨은 상승하고 인생은 행복해진다. 기쁨은 나누면 배가 되고 슬픔은 나누면 반이 되기 때문이다. 누군가와 친밀한 관계인지 아닌지 테스트를 해볼 수도 있다. 예컨대 친구가 승진했을 때 자신의 마음에서 일어나는 감정 반응을 살피는 것이다. "정말 잘됐어. 그 애는 충분히 승진할 만해" 하며 기쁨을 느낀다면 정말 친한 사이이다. 그러나 입으로는 축하하면서도 "세상 참 불공평하다. 나는 왜 이리 되는 일이 없나?" 하며 불쾌한 감정을 느낀다면 시기하고 있는 것이다. 이웃의 성공을 축하해 줄 수 있는 사람이 친밀한 관계를 가질 수 있는 능력을 갖춘 사람이다.

정신분석의 치료 과정에서도 시기심이 등장한다. 분석가를 시기하는 환자는 그를 패배자로 만들고 싶어 한다. 분석치료를 실패작으로 만들려고 한다. 잘 나가는 분석가에게 분석 성공의 기쁨까지 주고 싶지 않은 것이다.

D부인은 정신분석을 받고 있는 30대의 젊은 여성이다. 분석가는 영국의 유명한 교육분석가인 안느 마리 여사였다. D부인은 아이를 낳다가 죽을 것이 두려워서 아이를 낳지 못하는 문제로 분석받고 있었다. 분만공포증이었다. 그러나 아이를 낳지 못하는 진짜 이유는 비의식에 살고 있는 '시기하는 아이' 때문이었다. 어릴 때 남동생에게 어머니의 사랑을 빼앗기고 화가 난 아이였다. 그 아이는 시기심이 심했다. 어머니의 사랑을 독점하고 희희낙락하는

동생이 미웠다.

어릴 때는 동생을 죽이는 공상도 했다. 동생을 상징하는 인형의 머리와 팔다리를 잘라서 변기에 넣기도 했다. 커서는 유난히 남성들과 자주 싸웠다. 남자라고 으스대는 모습을 보면 화가 치밀어 올랐다. 남성은 남동생을 상징한다. 그 뿐만 아니라 마음속 시기하는 아이는 어처구니없는 장면을 상상하고 있었다. 자기가 아이를 임신하면 뱃속의 아이가 기생충처럼 자신을 먹어 버릴 거라는 상상이었다. 자신이 아기를 가학적으로 괴롭히는 상상도 했다. 상상 속의 태아는 동생이었다. 자기가 동생을 시기하고 미워하기 때문에 아기가 자기를 죽이려 한다는 상상을 했다. 앞에서 언급한 방어기제 투사를 사용하고 있었다. D부인의 분만공포증은 이 상상 때문이었다. 임신할 아이가 두려워서 분만공포증에 빠진 것이었다.

정신분석 과정 중에도 D부인은 분석가의 환자들에게 지독한 시기심을 느꼈다. 분석을 마치고 나온 그녀는 집으로 가지 않고 자기 차 안에서 분석가의 집으로 들어가는 다른 환자들을 노려보았다. 자기 아닌 다른 사람들이 분석가를 만나는 것을 볼 때마다 화가 나서 견딜 수가 없었다. 그녀가 분석가를 독점할 수 없다는 사실을 인정하기 어려웠다. 분석가도 미웠다. 분석가가 다른 환자들에게는 특별한 치료를 해 줄 거라는 상상 때문이었다. 그러던 어느 날 D부인은 무서운 상상을 했다. 자기 분석가의 환자들이 몽땅 배를 타고 깊은 바다로 나간다. 그리고 바다 한가운데서 테러리스트가 배 밑바닥에 미리 설치해 둔 폭탄이 터진다. 환자들은 한 사람도 빠짐없이 익사하고 만다. 시기심의 대상들을 몰살시키는 상상이었다. 상상만을 보면 D부인이 살인마 같다. 그러나 부인은 평소 예의 바르고 교양 있는 금발 미녀였다. 시기심은 사람의 심성을 악마의 심성으로 만든다.

　D부인은 분석가에게도 시기심을 느꼈다. 분석가라는 직업이 멋져 보였다. 그래서 자기가 분석가를 분석하려 들었다. "안느 마리 여사님의 저에 대한 분석은 실패로 끝날 것 같아요. 이제라도 다른 분석가를 찾아보는 게 좋을 것 같아요." 분석을 실패로 만들어서 분석가를 패배자로 만들려 하고 있었다. 어느 날 분석가와 같은 헤어스타일을 하고, 같은 옷을 입고 분석실에 나타났다. 자기 집 가구를 분석실의 가구와 같은 것으로 바꾸기도 했다. 그리고 어느 날은 자기도 정신분석 수련을 받아서 분석가가 되고 싶다고 했다. 분석가의 남편이 자기를 사랑하는 공

상도 했다. 대단히 무례한 상상이었고 분석가의 가정을
파괴하는 상상이었다.

D부인의 시기심은 비의식적이었지만 분만공포증을 일
으켰고 정신분석을 방해했다. 그녀의 이성관계도 투쟁적
으로 변질시켰다. 가장 친근한 대상인 분석가도 파괴하려
고 했다. 다행히 그녀는 정신분석을 통해서 비의식에 숨
은 시기심을 이해했고 극복했다. 그리고 아들을 낳을 수
있었다.

시기심을 극복하는 방법

시기심의 치료제는 감사(gratitude)하는 마음이다. 정신
분석가 멜라니 클라인은 시기심을 타고난 본능이라고 했
다. 자기가 갖지 못한 좋은 것을 가진 사람을 증오하고 그
좋은 것을 파괴하려는 시기심은 타고난 공격성이기 때
문에 인간이면 누구나 갖고 있다고 전했다. 시기심의 뒤
에는 열등감이 숨어 있다. 외모 열등감이 있는 사람은 예
쁜 사람을 보면 열등감을 느낀다. 상대방의 성공을 자기
의 패배로 인식한다. 그래서 예쁜 사람은 나를 비참하게
만드는 사람이기 때문에 그들을 증오하고 파괴하려 한다.

클라인 박사는 갓난아이들에게서도 극심한 시기심을 찾을 수 있다고 했다. 이해하기 어렵겠지만 아기는 엄마의 젖가슴을 시기한다. 그래서 맛있는 젖이 나오는 젖가슴을 파괴하고 싶어 한다. 젖꼭지를 물어뜯기도 한다. 엄마가 동생을 낳으면 동생을 꼬집고 "동생이 죽어 버렸으면 좋겠어"라며 운다.

시기심을 어떻게 극복할 수 있을까? 클라인 박사에 의하면 사랑과 감사를 통해서 시기심은 극복된다. 엄마의 젖을 물어뜯어도 엄마는 보복하지 않고 모정(maternal goodness)으로 감싸 준다.

구약성경에 나오는 사울은 키가 크고 잘생긴 이스라엘 왕이었다. 민중의 추대를 받은 왕이었다. 그는 소년 다윗을 아주 사랑했다. 거인 골리앗 장군을 돌팔매로 쓰러트린 기특한 다윗을 매우 아꼈다. 사울 왕이 우울증에 빠졌을 때 다윗이 노래를 불러 주면 기분이 밝아졌다. 그래서 사울 왕은 다윗을 더욱 사랑했다. 사울은 다윗에게 딸을 주어 사위로 삼기도 했다. 어느 날 사울 왕은 이렇게 친밀하고 좋은 사이였던 다윗을 갑자기 증오하고 죽이려 했다. 시기심 때문이었다. 백성들이 다윗의 용맹을 칭송하는 소리를 듣고 시기심이 발동했던 것이다.

민중이 노래를 불러 승전하고 돌아온 다윗을 칭송했다.
"사울이 죽인 자는 천천(千千)이요, 다윗이 죽인 자는 만만
(萬萬)이로다." 자신이 죽인 사람은 천 명인데 다윗이 죽
인 사람은 만 명이라는 노래였다. 이 노래가 사울 왕의 시
기심에 불을 붙였다. 다윗이 자기보다 뛰어난 리더라는
얘기로 들렸다. 사울 왕은 백성에게 인기가 높은 다윗에
게 시기심을 느꼈다. 민중의 인기가 다윗에게 옮겨 간 사
실을 깨닫고 인기를 누리는 다윗을 시기했다. 그는 같은
식탁에서 식사를 하고 있던 다윗에게 창을 던졌다. 그러
자 다윗은 창을 피해 달아났다. 사랑하던 사위가 죽이고
싶을 정도로 미워진 것은 시기심 때문이었다.

사울은 다윗을 죽이려고 수년 동안을 쫓아다녔다. 그런
데 일시적이긴 했지만 사울 왕이 시기심을 극복하고 다윗
에 대한 애정을 회복한 때가 있었다. 사울 왕이 다윗을 추
격하다가 들에서 부하 장군들과 잠이 들었다. 다윗은 적
진으로 잠입했지만 사울 왕의 머리맡에 있었던 물병만 가
지고 몰래 빠져 나왔다. 다윗은 사울 왕을 충분히 죽일 수
있었지만 그를 사랑하였기 때문에 죽이지 않았다. 사울
왕은 잠에서 깨어나 다윗이 자기를 죽이지 않고 살려 주
었다는 사실을 알게 되었다. 다윗의 너그러움에 감동한

사울은 "내 아들 다윗아"라고 부르면서 다시는 그를 죽이지 않겠다고 약속했다. 이처럼 사랑과 감사는 시기심을 치료하는 약이다.

벌을 받아야 편안해지는 죄책감

인간을 지독하게 괴롭히는 감정 중 하나가 죄책감이다. 이는 친밀함을 느낄 수 없게 만드는 이유가 되기도 한다. 숨겨 놓은 죄가 탄로 날까 봐 사람의 접근을 피한다. 비난이 두려워서 대인관계를 피할 수밖에 없다.

지은 죄가 커서 괴로워하는 죄책감이야 자연스러운 감정이지만 문제는 지나친 죄책감이다. 죄책감이 인간을 얼마나, 그리고 어떻게 괴롭히는지, 마지막으로 이 죄책감이 친밀함을 어떻게 가로막는지 얘기하겠다.

"내 성욕을 다른 사람이 알까 두려워"

죄책감 때문에 사회생활을 포기한 청년이 있었다. 그는 20대의 잘생긴 총각 선생님이었다. 겸손하고 유능한 선생님이었다. 신앙도 좋고 봉사활동도 많이 했다. 그래서 인기도 좋았다. 그런데 불안신경증이 발병했다. 어느 날 갑자기 이유 모를 불안이 엄습했다. 안절부절못하고 서성거리며 날을 샜다. 누가 쫓아오는 것 같았다. 금방이라도 큰일이 벌어질 것 같았다. 입은 바싹바싹 타고 식은땀이 줄줄 흘렀다. 마음속에서는 "너는 나쁜 놈이야, 죽어야 돼" 하는 소리가 들렸다. 이런 경우에는 자살 위험이 높기 때문에 입원을 시켜야 한다. 그는 입원했다.

병의 원인은 성적 욕구에 대한 죄책감이었다. 어느 날 가파른 육교를 올라가다가 고개를 들자 미니스커트를 입은 젊은 여인의 속살이 눈에 들어왔다. 황급히 눈을 돌렸다. 그러나 여인의 속살은 그의 뇌리에 박혀 버린 듯했다. 아무리 지우려 해도 장면은 그의 마음을 점령하고 떠나지 않았다. 길을 걸을 때도, 수업시간에도… 조용한 잠자리에서는 더욱 선명하게 떠올랐다. '이러면 안 되는데… 이 음란한 생각을 지워 버려야 하는데… 나는 벌을 받을 거야.' 죄책감과 처벌 불안이 그를 괴롭혔다. 그러던 어느 날 결정적 사건이 터져 버렸다. 그는 누나 집에서 기거하고 있었다. 안방 문을 열자 누나가 마침 옷을 갈아입고 있었다. 겨드랑이의 살이 매우 자극적으로 느껴졌다. 이제는 누나의 겨드랑이 장면이 그를 자극하기 시작했다. 갖가지 성적 상상이 떠올랐다. '누나를 두고 이런 생각을 하다니 내가 죽일 놈이다.' 죄책감은 더욱 심해졌다. 그리고 며칠 잠을 못 자고 자책하고 또 자책하다가 발병했다.

인간은 상상력이 뛰어난 동물이다. 성적 자극을 받으면 성적 상상이 일어나게 돼 있다. 더구나 성욕은 매우 강력한 에너지를 가진 본능이다. 인간이 육체를 갖고 있는 한 이 욕구는 자연스러운 것이다. 다만 '욕구대로 행동했는가, 하지 않고 자기 조절을 했는가'가 문제일 뿐이다. 머리 위를 날아가는 새 때문에 죄책감을 느낄 필요는 없다. 그 새가 내 머리에 둥지를 틀지 못하게 하면 된다.

그는 증상이 호전되어 퇴원했다. 퇴원 후에 나는 그를 매주 만났다. 그러나 그는 음란한 세상에서 살기가 너무 힘들다고 했다. 그리고 깊은 산속으로 들어갔다. 화전민이 사는 아주 깊은 산속이었다. 눈이 올 때는 수 주간 인적이 끊기는 그런 곳이었다. 일 년쯤 지난 어느 날 밤에 그가 나를 찾아왔다. 하나님 은혜로 능력을 받아서 이제는 세속에서 살 수 있을 것 같다고 했다. 그는 곧 취직이 되었다. 그리고 우리는 또 매주 정기적으로 만났다. 나에게 올 때마다 그는 죄책감과 자책과 분노를 안고 왔다. 자기 하숙집 옆방의 군인들을 원망했다. 그들이 너무나 혐오스러운 음담패설을 많이 한다는 것이다. 그리고 자기는 찬송가만 듣고 싶은데 세속적인 유행가를 크게 틀어서 견딜 수 없다고 했다. 하숙방은 방음이 안 돼 있었다.

그리고 그는 성적 유혹을 이기지 못하는 자신을 비난했다. 자기 영혼이 죄로 점점 더러워지고 있는 것 같다고 했다. 이러다가 자신이 어떻게 될지 모르겠다고 했다. 그는 또다시 두려움에 빠지기 시작했다. 그리고 다시 산으로 가겠다고 말하고 떠났다. 그 후 30여 년이 지났지만 그의 소식을 듣지 못했다. 그는 세상 속에서 사람들과 어울리며 살 수 없는 사람이었다. 사람과 가까워지는 것은 세속에 물드는 일이고 죄짓는 일이었다. 죄책감이 친밀한 관계를 방해하고 있었다. 지나친 죄책감이 그를 지배하고 있었다. 정신분석적으로 해석한다면 '처벌적 초자아'(punitive superego)를 가진 사람이었다.

"너는 해서는 안 될 짓을 했어" 비난하는 초자아

프로이트 박사는 인간의 성격을 건물로 비유하며, 건물을 유지하는 세 개의 기둥에 대해 말했다. 이드(id)와 자아

(ego)와 초자아(superego)가 바로 그것이다. 이 중에서 죄책감을 일으키는 부분은 초자아이다. 인간의 갈등과 고통의 뿌리가 여기서 시작된다. 그렇기 때문에 우리는 초자아를 이해할 필요가 있다.

초자아는 4, 5세경부터 발달하기 시작한다. 초자아를 통해 우리는 자신을 평가하고 비판하며, 도덕적 행동을 하게 한다. 우리 마음속에서 일어나는 마음의 소리, "너 형편없는 아이구나", "너는 해서는 안 될 짓을 했어", "부끄러운 줄 알아라. 사람들이 손가락질하는 것이 보이지 않니?"는 초자아의 비난이다. "너무 창피해서 죽고 싶다"는 생각에 빠지고 실제로 수치심에 괴로워 자살한 사람도 있다. 초자아는 수치심을 일으킨다. 양심도 초자아의 기능이다. 초자아는 하나님의 음성을 듣는 인격의 한 부분이기도 하다. "나는 예수님을 본받아 그분처럼 살겠다" 하는 '자아 이상'(ego ideal)도 초자아의 기능에 속한다. 인간이 죄를 범한 뒤에 잘못을 깨닫고 죄책감을 느끼는 것은 이 초자아의 기능 때문이다.

우리가 양심적으로 사는 것도 초자아 덕분이다. 우리가 착한 일을 했을 때 마음에서 "잘했어!"라고 뿌듯한 보람을 느끼는 것은 초자아의 칭찬이다. 사회생활을 원만하게 하기 위해서 초자아는 꼭 필요하다. 그런데 문제는 초자아가 너무 가혹하거나 너무 미약한 경우이다. 초자아가 미약한 사람은 수치심도 못 느끼고 양심의 가책도 없다. 반사회적 인격장애자나 소위 깡패들은 초자아가 마비된 사람들이다. 반면에 너무 가혹하거나 처벌적인 초자아를 가진 사람은 죄의식과 수치심, 열등감에 사로잡혀 산다. 우울증에 잘 빠지고 자기비하와 자책을 잘한다. "나는 못난 놈입니다. 나는 할 줄 아는 게 아무것도 없는 무능력자입니다. 나는 쓰레기입니다. 아무도 나 같은 놈을 좋아할 리 없습니다. 내가 잘 압니다." 이처럼 늘 사람들의 비난을 의식하며 산다. 심지어 버스에서 처음 만난 사람까지도 두려워한다. 자기의 죄를 다 알 것 같아서이다. 앞서 소개한 총각 선생님이나 강박증 환자 J군이 바로 이런 가혹한 초자아를 가진 사람이다. 가혹한 초자아는 강박증도 일으킨다.

이렇게 가혹한 초자아는 노이로제도 일으키고 친밀한 관계도 가로막을 뿐 아니라 인생 자체를 불행하게 만든다. 가혹한 초자아는 어떻게 생기는 걸까? 먼저 초자아의 형성과정을 알아 둘 필요가 있다. 한마디로 초자아는 거세 불안을 느끼는 아이가 부모의 공격을 피하기 위하여 부모의 훈계와 교육 태도를 배우고 따름으로써 형성된다. 부모가 마음속에 내재화(internalize)되어 형성되는 것이다. 부모의 양육방식이 비합리적이고 지나치게 엄하거나 처벌적일 때, 부모가 내재화되면 어린아이의 초자아는 가혹하고 처벌적인 것이 되고 만다. 이런 초자아를 갖게 되면 매사에 가혹한 초자아의 비난을 받게 되어 죄책감과 자책, 우울, 열등감에 빠져 살게 된다. 이런 사람은 자기 마음속에 가혹한 처벌자인 부모를 일생 모시고 사는 셈이다. 부모를 피해 미국에 이민을 가도 마음속의 부모는 미국까지 따라온다. 그래서 항상 자신을 비난하는 소리를 들으며 주눅이 들고, 병적 완벽주의에 빠지고, 메마르고 딱딱한 삶을 살게 된다.

사실 초자아의 제 역할은 자아를 돕는 것이다. 자아를 도와서 이드(본능적 욕구)의 욕망을 평가하고 조절하는 기능을 해 줘야 하는데 초자아가 자아를 적대시하면 병적 반응이 일어나고 우울한 성격이 된다. 앞서 소개한 '산으로 간 총각 선생님'이 바로 이런 가혹한 초자아를 가진 사람이고 이로 인하여 불행해진 사람이다. 어느 날 그의 누나가 친구에게 졸업 성적이 일등이었다고 동생 자랑을 했다. 그 말을 듣고 그는 몹시 불편했다고 했다. '본 실력이 아니라 어쩌다 운이 좋아서 일등을 한 건데 누나는 왜 부끄러운 줄도 모르고 저런 말을 할까.' 집에 와서 누나에게 화를 냈다. 그 뒤로 그는 누나 친구를 피해 다녔다고 했다. 그를 일등짜리로 생각할 것이 부담스러웠다고 했다. 자기 실력으로 일등을 했는데도 그의 비합리적인 초자아는 이렇게 말한다. '못난 것! 뽐내지 마라. 그것은 네 실력이 아니야. 운이 좋았을 뿐이야.' 자신감은 사라지고 패배감만 남는다. 이런 패배자는 이웃과 친해질 수가 없다. 서로 기쁨을 나눌 수 있어야 사람은 친해진다. 그런데 가혹한 초자아를 가진 사람들은 남들이 자기 성공을 기뻐해 주리라는 기대를 못한다. 오히려 비웃음을 예상하고 자리를 피해 버린다. 거의 습관적으로….

"이 사람도 나를 무시할 거야" 믿는 자학적 성격

가혹한 초자아는 인간을 자학적으로 만든다. 가혹한 초자아를 가진 사람은 '도덕적 자학자'(moral masochist)가 된다. 이 말은 성적 피학자와 구별되는 개념이다. 성적 피학자는 매를 맞는다든지 모욕을 당하는 성적 학대를 받아야 흥분이 일어나는 사람이다. 이에 비해서 도덕적 자학자는 성적 흥분과 관계없이 스스로 도덕적 비난과 괴롭힘을 초래하는 사람이다.

도덕적 자학자는 1924년에 프로이트 박사가 처음 쓴 용어이다. 지나치게 양심적인 사람, 자학과 실패를 즐기는 것처럼 보이고 오히려 성공을 못 견디는 사람을 말한다. 자학자들은 자존감이 낮고, 자신감이 없으며, 모든 면에서 자신이 부족하다고 느껴 무능한 자신을 자책한다. 자학자는 불행을 좋아한다. 왜냐하면 불행해야 죄에 대한 처벌을 피할 수 있기 때문이다. 마치 나쁜 짓을 한 아이가 벌을 받은 후 벌에 대한 두려움에서 해방되는 심리와 같다. 이미 초자아에 고문당하고 있는 그는 자기를 처벌해 미리 벌을 받음으로써 초자아의 고문을 벗어나고 싶은 것이다. 그래서 자학자들은 처벌받고 싶은 처벌 욕구를 갖은 채 끊임없이 자기를 학대하고 처벌한다.

예컨대 자학자들은 단지 상대를 공격하는 상상만 했을 뿐인데도 마치 실제로 칼로 찌르기라도 한 것처럼 심한 죄책감을 느낀다. 따라서 그는 상대를 칼로 찌른 죄에 처벌받을 필요가 생긴다. 그래서 자학적 행동을 한다. '나 같은 놈은 죽어야 돼' 하면서 벽에 머리를 박거나 칼로 자해하기도 한다.

반면에 정상적인 사람은 상대에게 과도한 증오심을 느끼면 일단 죄책감을 느끼고, 다음에는 이 죄책감 때문에 마음에서 증오심을 제거할 수 있다. 예컨대 '그 정도 일로 죽이는 상상까지 하다니…. 이건 내가 너무 심한 거야. 이렇게 증오할 것까지는 없지' 하고 스위치를 끄듯 증오심을 끌 수 있다. 그리고 이렇게 증오심을 물리치고 도덕적인 성공을 이룬 자신이 자랑스럽게 느껴진다. 그 결과 자존감은 더욱 올라간다. '나는 내 감정을 조절할 능력이 있는 괜찮은 사람이야.' 초자아의 칭찬을 받고 뿌듯하다.

자학적 성격의 사람들은 그 감정의 흐름이 아주 모순적이다. 자기를 멸시하게 만들어 놓고 막상 상대방이 자기를 멸시하면 화를 내고 괴로워한다. "나는 매력 없는 사람이에요. 키도 작고 뚱뚱하고 눈도 작아서 흉해요." 그래 놓고는 막상 상대가 이를 인정하는 눈치면 화가 나고 비참한 기분에 빠진다. 이렇게 무시당하고 사는 내가 정말 싫을 뿐만 아니라 자기를 무시하는 상대가 밉다. '자기는 얼마나 잘났기에 나를 무시하는 거야.' 그리고 이런 경험을 하고 나면 사람 만나기가 두려워진다. 화나고 비참한 기분을 다시 느끼게 될까 봐 두렵기 때문이다. 이런 경험을 반복한 자학자는 사람을 만나면 자기도 모르게 '이

사람도 나를 무시할 거야'라고 예상하게 된다. 그리고 상
대방과 안전거리를 둔다. 가까워지면 아픈 경험을 한다고
예상하는 것이다. 그래서 누군가가 접근해 오거나 친해지
면 불안해진다. 사무적인 거리나 멀리 떨어져서 인사나
하는 정도의 거리가 안전거리이다. 친밀함이 주는 행복은
남의 나라 이야기이다.

처벌적 초자아를 가진 자학 성격자는 성공이나 즐거움
은 피하고 오히려 불행을 즐긴다. 시험만 보면 자꾸 떨어
지는 사람은 자학자인 경우가 많다. 합격이라는 성공을
견디지 못하기 때문에 결정적인 순간에 실패 쪽으로 오
답을 선택하는 것이다. 일반인들이 이해하기 힘든 심리이
다. 이런 심리가 분석되어 풀리지 않으면 그 인생은 계속
불행해진다.

20대 후반의 자학 성격자가 있었다. 그는 천신만고 끝
에 고급 공무원 채용시험에 합격했다. 독서실에서 같이
공부했던 많은 친구들이 그를 부러워했다. 합격자 발표
가 있던 날 밤, 무섭고 엄하기만 했던 아버지는 처음으로
웃으며 악수를 청했다. 얼마나 기다렸던 합격의 소식이
었던가! 그런데 그의 마음은 전혀 기쁘지 않았다. 오히려
불편했다. 아버지의 악수도 불편했고 친구들의 박수와

축하도 불편했다. 마치 남의 집에 들어온 기분이고 남의 옷을 입고 있는 것 같았다. '이게 아닌데….' 자신의 감정을 이해할 수 없었다. 며칠 후 면접이 있었다. 보통 누구나 통과하는 형식적인 면접이었다. 그런데 뜻밖에 그는 면접에서 불합격 통보를 받았다. 결정적으로 자기소개서를 제출하지 않았다. 완벽주의자인 그로서는 도저히 이해할 수 없는 실수였다. 자기소개서를 지참하지 않았다는 것을 면접시험장에서 깨달았다. 몹시 당황했지만 돌이킬 수 없는 실수였다. 정신분석에서는 이런 실수를 무의식적 의도를 가진 실수로 본다. 그는 합격이 불편했고 실패가 오히려 마음 편했기 때문에 실패 쪽을 선택했던 것이다. 그의 비의식이 그를 실패로 몰고 갔다. 현실적으로는 도저히 납득할 수 없는 일이지만 자학 성격자는 이런 일로 인생을 낭비하고 스스로 불행의 불속으로 뛰어든다. 억울하고 안타까운 일이다.

'성공우울증'이라는 병도 자학 성격자가 잘 걸리는 병이다. 성공한 후에 걸리는 우울증이다. 성공했으면 행복해야지 왜 우울해지는가? 이해하기 어렵지만 자학 성격자들에게는 흔한 증상이다. 승진한 CEO가 우울증에 빠지는 경우도 있고, 간절히 기다리던 아이를 갖고 오히려 우울증에 빠지는 산모도 있다. 간절히 원하던 것을 쟁취한 후에 우울증이 엄습하면 당황스럽다. 행복의 조건을 쟁취하는 데 성공했는데 오히려 절망감과 허무감에 빠져 허우적댄다. '내가 얼마나 고생해서 얻은 자리인가? 드디어 그 자리에 올라서 살 만해졌는데 우울하고 만사가 귀찮기만 하다. 의욕도 없고 밥맛도 없고 잠도 안 오고 무기력하다.' 자기가 왜 이러는지 이해가 안 된다. 그동안의 고생을 생각하면 억울하다. 문제는 '나는 성공해서는 안 될 사람이야. 나는 행복할 자격이 없어. 차라리 나는 불행해야 돼'라고 속삭이는 내면의 소리이다. 자학적 성격이 문제로 이는 가혹한 초자아의 영향이다.

자학적 성격을 가진 남성들에게는 발기부전이 많다. 가혹한 초자아가 쾌락을 허용하지 않기 때문이다. '너는 즐길 자격이 없어. 학대나 받는 것이 제격이야.' 그래서 이들은 학대받는 공상을 하면서 자위행위를 할 때만 발기가 되고 사정이 된다. 이 공상 속에서 자신을 욕하고 학대하는 여인을 상상한다. 상상 속에서 혼자서 두 사람의 역할을 한다. 모욕하고 학대하는 여성의 역할과 모욕당하는 남성의 역할이다.

정신분석가 아이델버그는 자학 성격자들이 누리는 쾌

감이 있다고 한다. 자학적 성격을 가진 사람들은 비난과 멸시의 고통을 즐긴다는 의미다. 마음 한편에서는 분노하고 고통도 느끼지만, 아이러니컬하게도 다른 한쪽에서는 이를 즐긴다. 자기 힘을 확인하고 느끼는 쾌감이다. 상대방이 자신을 모욕하고 처벌할 수 있었던 것은 자기가 그를 조종하여 자신을 비난하고 멸시하도록 만들었기 때문이라고 해석하는 것이다. 그렇게 비의식에서는 승리감을 즐기고 있다. 상대방을 마음대로 조종하는 힘을 가진 자의 쾌감이다(enjoys the power). 또한 자학자는 상대방의 비난과 처벌을 자신에 대한 관심과 사랑으로 해석하는 데서 또 다른 쾌감을 얻는다. 처벌이 고통스러움에도 불구하고, 적대감과 미움으로 보지 않고 사랑과 관심으로 해석한다. '사랑의 매'라든지 '내게 무관심하다면 나무라지도 않았을 거야'라는 식이다.

자학자들이 해결해야 할 과제는 비의식에 숨어 있는 가혹한 초자아를 분석하고 그 영향권에서 벗어나는 일이다. 그때부터 인간관계의 회복도 일어난다. 죄책감에 시달리지 않고 친근한 인간관계를 누릴 수 있다.

2장

가짜 친밀함의 유혹

술 마시는 사람들

자기 억제가 강한 사람이 알코올에 빠진다

한국인은 술 마시는 사람들에게 비교적 관대하다. 웬만한 실수를 저지르고도 "술 취해서…"라고 변명하면 이해해 준다. 배우자를 때리고 집안 가구들을 때려 부수고도 다음 날 "내가 너무 과음했나 봐" 하면 받아 줄 수밖에 없다. 술자리에서 어린 후배가 선배에게 감히 고래고래 소리치고 대들어도 선배는 "많이 취했네" 하고 받아 준다.

술만 마시면 우는 친구가 있었다. 평소에는 예의 바르고 조용하고 수줍어하는 친구였다. 그런데 조용하던 그가 술기운이 어느 정도 올라가면 목소리가 커지기 시작한다. 친구들을 껴안기도 하고 주먹으로 치기도 한다. 그러다가 마침내 죽은 동생의 이름을 부르며 서럽게 통곡한다. 그의 동생이 어릴 때 강에서 물놀이를 하다가 익사했던 것이다. 그는 동생을 잊지 못했다. 술만 먹으면 동생 생각이 났다. 친구들은 술자리에서 그 친구의 행동이 거칠어지고 용감해(?)지기 시작하면 "그 애 술 그만 줘" 하고 제동을 걸어야 했다. 그러나 친구들은 술기운으로 호기를 부리는 그가 더 인간적으로 느껴졌고 친근하게 느껴졌다. 평소에 소심하고 위축되어 말도 크게 못하는 친구가 안쓰러웠기 때문이다.

술에 취했을 때 그는 친구들과 가장 가까웠다. 마치 마녀의 주술에서 풀려나와 자유로워진 왕자처럼 자신감이 넘쳤다. 친구에게 다가와 얼굴을 만지기도 하고 아프지 않게 뺨을 때리기도 했다. 감정도 자유로워졌다. 박장대소하는가 하면 주변 사람들의 시선은 아랑곳하지 않고 큰 소리로 노래를 부르기도 했다. 그러다가 서러움이 복받치면 동생의 이름을 부르며 꺼이꺼이 울었다. 나는 취한 그에게 얻어맞으면서 그를 집까지 데려다주곤 했다.

술은 뇌에 작용하는 화학물질이다. 술을 마실 때 뇌에서는 어떤 일이 일어날까? 뇌는 크게 두 부분으로 나눌 수 있다. 구피질(archipallium)과 신피질(neopallium)이다. 구피질은 동물적 기능을 담당하는 곳이다. 호흡, 혈압, 식욕 중추가 위치하며 특히 감정의 중추가, 분노, 쾌감의 중추가 여기에 있다. 신피질은 생각과 판단을 주관하는 곳이다. 도덕적 판단이나 자기 조절이 신피질의 기능이다. 인간의 인간다움은 신피질의 기능 덕분이다. 인간의 신피질은 원숭이나 다른 동물에 비해서 월등히 두껍다. 평소에 인간은 욕구나 감정을 억제하며 산다. 신피질의 억제작용이다. 수줍고 조용한 사람들은 신피질의 억제기능이 강한 사람이다. 술은 신피질의 억제작용을 방해한다. 술을 마신 사람이 화를 내고 감정적이 되는 것은 신피질의 억제가 풀렸기 때문이다.

내 친구처럼 평소에 자기 억제가 강한 사람들은 이때 평소와 아주 다른 행동을 하게 된다. 감정이 터져 나오고 두려움이 사라진다. 그래서 친근한 행동을 한다. 이런 경험은 쾌감을 준다. 이 쾌감의 정도는 억제의 정도에 따라 달라진다. 평소 자기 억제가 강한 사람일수록 해방의 쾌감을 크게 느낀다. 살면서 자기 억제로 힘들어지면 술로 인한 해방감이 그리워진다. 완벽주의자들은 자기 억제가 강한 사람들이다. 그렇기에 이런 성격의 사람들 중에 알코올 중독이 많다.

자유의 맛, 술자리 친밀함을 찾는 사람들

술맛이 좋아서 술을 마신다고 말하는 사람들이 있다. 그러나 술맛은 쓰고 신맛이다. 술을 마시는 사람의 표정을 보면 알 수 있다. 술이 입에 들어가면 모든 사람은 얼굴을 찡그린다. 술맛 때문에 술을 마시는 것이 아니다. 술에 취하면 자신을 억제하고 있던 사회의 계급장을 다 떼고 인간 대 인간으로 만나게 된다. 이는 인간이 원초적으로 갈망하는 만남이다. 이런 자유의 맛, 친밀함의 맛 때문에 술을 마시는 사람이 많다. 그러다가 알코올에 중독된다. 술을 마시면서 서서히 기분이 좋아지고 말이 많아지고 평소와 달리 친근한 행동이 나오는 경험을 한 사람들은 이 자유의 맛을 알고 있다. 알코올 중독에 빠질 위험이 있는 사람이다.

내 친구도 평소에는 너무 소심했다. 사람을 두려워하는 편이었다. 친구들이 소심하다고 놀려도 항의 한마디 못했다. 친구는 늘 혼자였다. 초등학교 때는 운동장의 한 귀퉁이에 있었던 화장실 옆이 그가 자주 가는 장소였다. 직장생활을 하면서도 그는 '골샌님'처럼 혼자였다. 그런 그가 술만 먹으면 기고만장해졌다. 술을 마시다 보면 어느 순간 그에게 거리감은 없어지고 옆 사람을 껴안기도 하고 말도 많아졌다. 그럴 때 그 친구는 정말 기분 좋아 보였다. 세상에 무서울 것이 없고 누구하고도 친구가 될 수 있는 사람으로 보였다. 술자리에서 그 친구는 다른 세상을 사는 사람 같았다. 대인공포증이 없는 친밀함의 세상이었다. 소심하고 고독한 내 친구가 이런 세계의 유혹을 피하기는 참으로 어려운 일이었을 것이다.

술 마시는 것을 좋아하는 사람들은 한 번 마시기 시작하면 끝장을 본다. 처음 식사를 하며 반주로 시작했던 1차를 정리하고 자리를 옮겨 다른 술집으로 2차를 간다. 어느 정도 취기가 오르면 또 자리를 옮겨 3차를 가는데 이때쯤 되면 대부분의 친구들은 귀가하고 특별한 관계의 친구들만 남는다. 특별한 관계란 특별히 친한 관계라는 것이다. 그래서 3차에 참석하지 않고 귀가하는 친구는 마치 잘못한 사람처럼 사과한다. "애가 아파서 빨리 가 봐야 해." 이미 밤 10시가 넘어 집에 가는데도 친구의 양해를 구한다. 함께 3차를 가지 않아 마치 의리를 저버린 배신자가 된 기분이 들고, 친구들이 자기에게 실망하고 화내거나 등을 돌릴 것 같은 위기감을 느낀다. 친근한 관계의 상실에 대한 불안이다. '우리는 3차까지 가는 관계야.' 이것은 술 마시는 한국인에게는 '아주 친밀한 관계'라는 의미이다. 그리고 많은 사람이 이 친근함을 확인하고 친근함의 맛을 보려고 어울려 술 마시고 또 3차까지 간다.

술 마시는 사람들 중에는 친밀함에 목마른 이들이 많다. 조심해야 한다. 알코올 중독에 빠질 위험이 크다. 밤마다 술 마시고 늦게 귀가하는 남편들 중에는 친밀함에 갈증 난 사람이 많다. 술자리 친밀함은 그들에게 접근하기 쉬운, 떨쳐 버리기 힘든 유혹이다. 맑은 정신으로 친밀함을 나누며 살 수 있는 사람이 건강하다.

일에 빠지는 사람들

일이 바빠 친밀한 관계를 못 갖는 사람들

하루 종일 일만 생각하는 사람들이 있다. 주말도, 휴일도 없다. 이런 사람들은 직장에서 하던 일을 집에까지 가져오고, 휴식도 없고 취미생활도 없으며 오로지 일밖에 모른다. 일이 취미라고 한다. 가장이 이러면 가족들은 불만이 많다. 그래도 남편은 "내가 노냐? 너희들을 위해서 쉬지 않고 일하는데 무슨 불만이야?"라고 호통을 친다. 아이들과 놀아 주지도 않는다. 늘 "아빠는 바쁘기 때문에…"라고 변명하기 일쑤이다. 가족의 불만을 용돈으로 때우려고 한다. 또한 부인과 부부생활을 할 시간도 없다. 성생활도 극히 형식적이어서 의무 방어전이 된다. 성생활은 거기에 시간을 들여야 비로소 쾌감을 느낄 수가 있는데 시간을 줄 수가 없다. 내일의 일을 위해서 빨리 끝내고 자야 하기 때문이다.

부인은 남편이 도대체 왜 사는지 모르겠다고 말한다. 남편의 관심은 오직 일, 일, 일밖에 없다. 남편은 성공과 돈 때문이라고 변명을 늘어놓지만, 부인에게 남편은 일이 없으면 불안하고, 불안을 피하기 위해서 일하는 사람처럼 보인다. 스케줄이 빡빡해야 안심하는 눈치다. 회사에서 큰 프로젝트를 끝내고 모처럼 집에서 한가한 날에도 남편은 안절부절못한다. TV에 집중하지 못해 채널을 이리저리 돌리다가 벌떡 일어나 냉장고를 열고 뭔가를 찾는다. 특별히 먹기 위함도 아니고 괜히 열어 보는 것이다. 인터넷에서 여기저기 사이트를 뒤지기도 한다. 급기야는 "아이, 답답해" 하며 벌떡 일어나 휴일인데도 회사에 나간다. 텅 빈 주차장에 차를 두고 사무실에 들어가면 적막하지만 그래도 마음은 좀 가라앉는다. 이런 사람을 정신의학에서는 '일 중독증'(workaholism)이라고 한다. 알코올 중독자(alcoholic)처럼 하나의 중독이다. 술이 없으면 안절부절못하는 알코올 중독처럼 일이 없으면 안절부절못한다. 일금단 증상이다. 그러다가 일을 잡으면 차분해진다.

일 중독자는 친밀한 관계를 가질 수 없다. 일에 쫓겨서 친밀감을 나눌 시간을 갖지 못한다. 사람을 만나도 일 때문에 만난다. 일 중심의 사고방식이다. 사실 사람들은 일 없이 만나야 친밀함이 느껴진다. 이런 친밀함은 인생의 보약이다. 친밀한 사람을 만날 때 기쁨이 샘솟고 용기를 얻는다. 사람 만나는 기쁨이다. 연인을 기다리는 설렘을 생각해 보면 알 수 있다. 일 중독자에게는 이런 설렘이 없다. 마음이 메말라 먼지가 풀썩이는 사무적인 만남만이 있을 뿐이다. 맛도 없고 피곤만 쌓이는 만남이다.

그런데 또 다른 종류의 일 중독자가 있다. 대단히 역설적이지만 그들은 친밀한 인간관계를 두려워하고 친밀함으로부터 도망가기 위해서 일에 몰두하는 사람들이다.

친밀함이 두려워서 일에 중독된 사람들

고위직 여성 공무원이 있었다. 그녀도 일 중독자였다. 무섭게 일을 해치웠다. 밤낮으로 일을 위해 뛰었고 고위직까지 올라갔다. 그런데 사춘기 아들이 가출을 했다. 하늘이 무너지는 것 같았다. 게다가 딸은 어머니를 원수처럼 미워했다. 아들은 상담가에게 어머니가 계모 같다고 불평했다. 그녀는 상담가에게 "억울해요. 남편과 이혼하고 지금까지 밤낮없이 애들을 위해서 열심히 살았는데 애들이 왜 저러는지 모르겠어요"라고 말했다. 애들은 어머니에게서 정(친밀함)을 느끼지 못했다. 위로가 정말 필요할 때 어머니는 항상 일에 매달려 있었다. "엄마는 바빠." 보호가 필요할 때 엄마는 저만큼 멀리 있었던 것이다. "엄마는 너희들을 위해서 돈을 벌어야 돼." 아이들은 좌절감을 느꼈고 화가 났지만 자신들을 위해 바쁜 어머니에게 화를 낼 수도 없었다. 그러나 자기 일에만 몰두하는 어머니가 계모처럼 느껴졌다.

그녀는 아이들이 어렸을 때부터 일 중독이었다. 아이들과 놀 때에도 머릿속은 일 생각으로 가득했다. 끝내지 못한 업무가 눈앞에 아른거려서 아이들에게 집중할 수가 없었다. 몸은 아이들 곁에 있어도 마음은 일에 빼앗기고 있었다. 아이들과 보내는 휴가는 재미도 없고 지루했다. 시간이 아깝게 느껴졌다. "얘들아, 미안하다. 갑자기 꼭 해야될 일이 생각났어. 너희들끼리 놀다 와." 서둘러 자리를 뜨는 엄마에게 아이들은 불만이 많았다. 아이들에게 어머니는 어머니가 아니었다. 어머니는 항상 직장인이었다. 아이들이 어머니를 계모라고 한 말이 이해가 되었다.

성공에 대한 욕심도 있었지만 사실 그녀는 아이들과 같이 있는 시간이 불편했다. 본인도 이해할 수 없는 심리였다. 아이들에게 미안한 일이지만 불편한 건 사실이었다. 내 속으로 낳은 내 자식과 같이 있는 것이 불편하다니…. 남이 알까 부끄러운 비밀이었다. 친밀함에 대한 두려움이었다. 그런데 그 이면에는 그럴 만한 이유가 있었다. 그녀가 어릴 때 어머니가 돌아가셨다. 그래서 그녀는 어머니 없이 아버지 손에서 컸다. 그녀는 어머니의 보살핌을 받아 보지 못했고 어머니의 역할을 배우지 못했다. 그녀는 어머니 노릇을 잘할 수 있을지 자신이 없었다. 어머니 역할에 대한 불안이 컸다. 예컨대 첫아이를 낳았을 때 갓난아이가 젖을 잘 빨지 못했다. 부인은 심한 불안을 느꼈다. '이러다가 아이를 굶겨 죽이는 건 아닌가' 하고 걱정했다. 보통 갓난아이는 젖을 찾아 물고 빠는 게 서툴러서 익숙해질 때까지 시간이 걸린다. 이런 특성을 알지 못한 그녀는 초조했다. 기저귀 갈기, 울 때 달래기 등 모든 것이 서툴고 어려웠다. 자기는 어머니 자격이 없는 것 같았다. 누가 애들을 대신 키워 주기를 바랄 뿐이었다.

아이들과 같이 있는 시간도 늘 불편했다. '부족한 엄마'라는 자격지심 때문이었다. '애도 못 키우는 엄마'라는 비난이 기다리고 있는 것 같았다. 불편한 자리는 피하고 싶은 것이 인지상정이다. 그녀는 아이들과 같이 있는 시간을 피하기 위해서 일을 찾았다. 친밀함이 두려워 일 중독이 되어 버린 것이다. "내가 너희를 사랑하지 않아서가 아냐. 일 때문이야. 다 먹고살기 위해서 그러는 거라고. 엄마가 바빠서 그래." 일 중독이 친밀함에 대한 두려움 때문인 경우가 있다.

배우자로부터 도피하기 위해서 일에 빠지는 사람들도 있다. 그들은 귀가시간이 늦고 성생활의 빈도도 낮다. 서로 시선을 마주치는 일도 없고 곁에 있어도 따로 논다. 아내는 TV를 보고 남편은 컴퓨터 앞에서 일을 한다. 같은 시간, 같은 공간에 있어도 두 사람은 남남 같다. 친밀함을 느낄 수가 없다. 불행한 결혼생활이다.

친구와 만나는 것이 두려운 사람은 일 핑계를 대고 피해 버린다. 자기에 대한 친구의 기대를 의식하기 때문이다. 친구를 만나면 자신의 약점이 드러날 것 같다. 두드러진 약점이 있는 것도 아니지만 왠지 사람을 만나는 것이 불편하다. 불편한 만남보다는 혼자서 일을 하는 것이 좋다. 이렇게 일에 빠져 사는 사람들은 불행하다.

일 중독은 지나친 성취지향형의 사람들에게도 잘 온다. 열등감을 보상하기 위해서 성공에 집착하는 사람들이 일 중독에 잘 빠진다. 이들은 자기 일만 하는 것이 아니고 남의 일까지 해 준다. 남의 부탁을, 특히 상사의 부탁을 거절하지 못하기 때문이다. 그러다가 휴식을 취하지 못해 스트레스로 질환에 잘 걸리고 심장마비도 오게 된다. 하지만 부지런하고 헌신적이기 때문에 직장에서는 인정받는다. 상사는 "그 친구 일 하나는 끝내줘. 기어이 해내는 친구야"라며 칭찬한다. 그리고 무리한 요구를 자꾸 한다. "자네 아니면 할 수 없는 일이야. 내일까지 부탁해." 일 중독자는 밤새 잠도 자지 않고 일을 해낸다. 몸은 파김치가 되고 생활은 리듬을 잃는다. 그리고 또 다른 일이 기다리고 있다. 이런 생활이 계속되면 정신 에너지는 고갈되고 탈진 상태에 빠진다. 정신의학에서는 이것을 '탈진 증후군'(burn out syndrome)이라 부른다. 에너지를 충전해 주지 않고 소모만 했기 때문이다. 심한 경우 무기력이 깊어지고 절망 상태에 빠져서 자살한 교수도 있었다.

일 중독증의 치료 방법

일 중독증을 치료하기 위해서는 우선 자신이 일 중독자라는 것을 인식할 필요가 있다. 자가 진단해 보자.

아무 일도 하지 않고 쉴 때 안절부절못하는가?

일 이외에는 별로 관심 가는 것이 없는가?

사람들과 어울리기보다는 혼자 일하는 것이 편한가?

휴일에도 사무실에 자주 나가는가?

업무 리스트가 빡빡해야 안심이 되는가?

답이 모두 '그렇다'면 일 중독자이다. 하지만 고치려는 의지가 있으면 고쳐진다. 우선 취미를 개발하는 것이 좋다. 평소 시간만 있다면 해 보고 싶었던 일을 취미로 삼아 보라. 그 일을 시간을 내서 시작하는 것이다. 취미는 그냥 즐기기 위한 것이어야 한다. 취미가 또 다른 일이 되지 않도록 주의해야 한다. 승부에 집착하거나 돈내기를 해서는 안 된다. 매일 규칙적인 운동을 하는 것도 좋다. 7, 8시간은 충분히 잠을 자는 것이 일 중독 예방에 좋다. 그리고 한 번쯤은 '이렇게 게을러서 큰일이네' 하는 생각이 들 정도로 충분히 게을러 보자.

생활계획표를 짤 때 매주 반나절 정도는 아무에게도 방해받지 않는 자신만의 휴식시간을 두는 것이 좋다. 일 년에 두 번은 꼭 휴가를 떠날 것을 권한다.

무엇보다 마음가짐이 중요하다. 나에 대한 기대 수준

이 너무 높으면 일 중독에 빠진다. 그것을 낮출 필요가
있다. 남들이 나에게 거는 기대에 나를 맞추려 하지 말
자. 남의 안경을 쓰고 나를 보지 말자. 남의 안경은 초점
이 안 맞고, 시야는 흐려진다. 내 안경을 쓰고 나를 보자.
마음이 조급해질 때는 '한 번에 한 가지씩만 하자'고 자
신을 타일러야 한다. 사람 만나는 즐거움을 느껴 보자.
만나기를 회피하지 말자. 그래도 일 중독의 늪에서 빠져
나오지 못하면 정신과 의사와 상의하는 것이 좋다.

성에 탐닉하는 사람들

여자가 곁에 없으면 허전하다

강박적으로 반복해서 비밀스럽게 성 충동대로 행동하
고 후회하는 것을 성 중독증이라고 부른다. 1990년대에
들어와서 유명해진 진단명이다. 남들 앞에서 자위행위를
하고 도망친다든지, 성기를 내보인다든지 하는 노출증,
상대를 유혹해서 반복적으로 가지는 성관계, 윤락가 출
입, 퇴폐 안마시술소(massage parlor) 출입, 포르노 영상 중
독 등 다양하다. 성 중독자는 이런 행위에 죄책감과 수치

심을 심하게 느낀다. 그래서 비밀이 많고 이중생활(secret life)을 한다. 이들은 항상 불안을 안고 산다. 언젠가 자신의 행각이 탄로 나면 명예와 사랑을 모두 잃고, 수치스럽고 비참한 위치로 전락할 거라는 불안이다. 그래도 성 충동을 참을 수가 없다. 강박증 환자나 알코올 중독자처럼 성에 중독되어 있는 것이다. 주로 의존 욕구가 강한 사람들로, 성행위를 친근한 행위라고 착각하는 사람들이다.

D씨는 성공한 변호사였다. 훤칠한 키에 매력적인 외모, 유머 센스가 남다르고 머리도 좋았다. 정부 요직의 자문 역도 맡고 있다. 돈도 잘 벌고 경력도 화려해서 그를 부러워하는 사람이 많았다. 부인과 아이들도 그를 존경했다. 그는 유명해지면서 TV출연이 많아졌다. 그 덕에 그를 알아보는 사람들이 많아지면서 두려움이 커졌다. 그의 이중생활이 노출될 위험이 높아졌기 때문이었다. 그는 성에 중독되어 있었다. 윤락가에 드나들었고, 포르노 영상에 빠졌으며 여성을 따라가 유혹하기도 했다. 같은 시기에 3명의 여성과 성적 관계를 유지하고 있었다. 그를 아는 사람이 적을 때는 비밀이 보장되고 이중생활이 가능했다. 그러나 이제는 얼굴이 너무 알려져서 그럴 수가 없게 되었다. 그렇다고 성 충동을 억누를 수도 없었다. 그의 고

민은 날로 심해졌다.

D씨의 여자관계는 좀 특이했다. 정신분석적 용어로 표현한다면 '양가 감정적인 관계'(ambivalence)라고 할 수 있었다. 상대에게 사랑을 느끼는 동시에 혐오감을 느끼는 것이다. 이해하기 어려운 심리이지만 그는 여성을 유혹하고 성관계를 맺고 나면 갑자기 그녀가 부담스러워지고 빨리 도망가고 싶어진다. 즉 섹스를 하고 싶을 뿐이지 인간관계를 맺고 싶지는 않은 것이다. 그러나 여성의 감정을 상하게 할까 봐 대놓고 헤어지자는 말을 못한다. 대신 여성이 좌절감을 느끼고 제풀에 떨어져 나가도록 했다. 좀 비열하지만 전화를 받지 않거나 약속을 어기는 식이었다. 상대 여성이 화를 내면 그걸 빌미로 관계를 끝내곤 했다.

그는 곁에 여성이 없으면 허전해서 견디질 못했다. 그래서 여러 명의 여자와 동시에 관계를 유지했다. 말하자면 대타를 확보한 것이었다. 그에게는 다양한 여성이 있었다. 이제 막 관계가 시작된 여성도 있고, 그에게 실망하고 떠나려는 여성도 있었다. 어떤 여성은 그의 고객이었고 사업상 중요한 여성도 있었다. 한번은 동료 변호사와 그녀의 비서를 동시에 사귀고 있었다. 비서가 상관인 변호사에게 자기 고민을 상담하는 과정에서 그와의 관계를

말해 버리는 바람에 비밀이 탄로 난 일도 있었다. 성난 두 여성 틈에서 아슬아슬한 낭패의 순간을 어렵사리 모면했다. D씨의 뇌리에는 '이대로 가다가는 모든 것을 잃게 된다'는 걱정이 끊임없이, 참기 어려울 정도로 고조되고 있었다. 그는 많은 여성과 성적 관계를 갖고 있었지만 친밀함을 느낄 수는 없었다. 실은 친밀함이 그리워서 더욱 성에 매달리고 있었다.

보살핌과 섹스를 동일시

미국의 심리학자 패트릭 칸스 박사에 의하면 성 중독증 환자는 사랑받지 못하고 외롭게 자란 사람들이다. 이들은 어른이 되어도 돌보고 사랑해 줄 대상을 찾아 이 여자 저 여자, 혹은 이 남자 저 남자의 품을 좇아다닌다. 그들의 비의식은 보살핌(nurturing)과 섹스를 혼동하고 있다. 인정받고, 사랑받는 부드러운 보살핌과 친근한 행위를 모두 성화(sexualization)시켜 버린 사람들이다. 그래서 섹스 없는 세상은 쓸쓸하고 살벌하며 공허하다. 그렇다고 성행위가 사랑과 보살핌의 욕구를 실제적으로 충족시켜 주는 것도 아니다. 다만 모성적인 보살핌에 굶주려서 모험을 계속할 뿐이다. 사랑받고 있다는 느낌을 받을 수 있는 다른 방법을 알지 못하기 때문이다.

이들은 자신의 섹스 행각이 탄로 날까 봐 항상 불안하다. 자신의 행위가 드러나면 수치를 당함은 물론 그동안 쌓아 온 모든 것을 잃을 것이라고 생각한다. 그러면서도 그 행위를 중단할 수가 없어 이중생활을 한다. '사람들이 내 비밀을 알게 되면 아무도 나를 사랑하지 않을 거고, 모두 나를 버리고 떠나 버릴 거야.' 모두가 떠난 후 엄습할 공허감과 외로움이 끔찍하고 두렵다. 이 두려움을 위로받으려고 다시 성행위에 매달리게 된다. 악순환이다. 프로이트 박사는 사창가를 드나들고, 강박적으로 성 파트너를 바꾸는 남성의 심리를 분석하였다. 즉 "오이디푸스기의 사랑의 대상인 어머니에게 고착된 사람들이 어머니를 대신해 그 대리자인 창녀와 성관계를 갖는다"고 보았다. 그러나 그 행위로는 궁극적인 만족감을 맛볼 수 없어서 강박적으로 또 다른 여성을 찾아 나선다고 보았다. 친밀함에 굶주린 사람들이다.

우울증에 빠지는 성 중독자의 배우자들

성 중독자들은 알고 보면 심리적 고통을 피하기 위해 성 중독이라는 더 큰 고통을 초래하는 사람들이다. 늘 고독하고 불안에 떨고 있다. 그러나 그들의 배우자들은 더 안쓰럽다. 남편의 외도를 안 뒤에 조현병이 온 부인도 있었다.

지방 출장을 갔던 남편이 성 접대를 받았다. 이 사실을 안 부인은 하늘이 무너지는 듯했다. 자기가 잘못 살아온 것 같았다. 잠을 잘 수 없었고 먹을 수도 없었다. 머릿속이 혼란스러웠다. 남편에 대한 신뢰가 무너졌고 세상에 대한 신뢰, 그녀 자신의 자아의 기능도 무너졌다. 남편뿐만 아니라 세상 누구도 믿을 수가 없었다. 부인은 씻지도 않고 어두운 방에서 혼자 며칠을 보냈다. 그리곤 남편의 상관에게 한밤중에 전화로 욕설을 퍼부었다. 평소 수줍음을 타던 정숙한 부인이었던 그녀로서는 의외의 행동이었다. 그리고 어느 날 밤, 영하의 몹시 추운 밤에 나체로 밤길을 걸어서 언니 집으로 갔다. 형부 앞에서도 부끄러운 줄을 몰랐다. 놀란 가족이 정신과에 데려왔다. 다행히 3주만에 회복되어 퇴원했지만 남편에 대한 불신은 숙제로 남았다.

우울증에 빠진 부인도 있었다. 빨래를 하다가 남편의 와이셔츠 주머니에서 편지를 발견했다. 아주 야한 내용의 연애편지였다. 상대는 부인도 잘 아는 어린 여자였다. 부인이 아팠을 때, 집에 와서 병간호도 해 주던 사람이다. 남편에게 편지를 보여 주니 남편은 오히려 화내며 큰소리를 쳤다. "나도 그동안 괴로웠어. 당신 원하는 대로 해. 이혼해 달라면 이혼해 줄게." 그녀는 뻔뻔하기 그지없는 남편의 태도로 더 괴로웠다. 어느 날 눈이 많이 내리는 겨울날이었다. 그녀는 눈 오는 길을 하염없이 걷다가 발이 시려워 아래를 내려다보았다. 자기가 맨발로 눈길을 걷고 있었다. 그길로 그녀는 정신과를 찾았다. "제가 넋이 나갔나 봐요. 이러다 정신이상이 올 것 같아서 왔어요."

성 중독자의 배우자는 나의 아내 혹은 남편이 중독에 빠졌음을 알아야 한다. 성 중독은 알코올 중독이나 마약 중독과 같이 치료가 필요한 중독 질환이다. 그들은 견디기 힘든 심리적 고통을 피하기 위해서 중독에 빠졌다. 그들의 심리적 고통을 이해하기 위해서는 성장 과정을 이해할 필요가 있다. 그리고 적극적으로 치료받게 해야 한다. 열등감이 많은 부인의 경우 자신이 뚱뚱해서 남편이 외도를 저지른다고 오해하기도 한다. 이는 사실이 아니다. 부인의 눈이 작아서도, 매력이 없어서도 아니다. 나 때문이 아니라 상대의 중독증 때문임을 이해할 필요가 있다.

성 중독에 대한 오해가 몇 가지 있다. '배우자가 바람을 피우는 이유는 상대 배우자가 그만한 잘못을 하기 때문이다'라는 오해다. 상대 배우자가 원인의 일부는 될 수 있지만 바람을 피우는 건 전적으로 당사자의 문제이다. 자신의 문제를 상대에게 전가하여 자기 입장을 유리하게 하려는 태도에서 이런 말이 나오는 것이다.

'성 중독자는 섹스에 미쳐 있다'는 오해도 있다. 성 중독자의 심리를 모르고 성 행동만 비난하기 때문에 생기는 경우다. 성 중독자는 심리적 갈등과 고독을 푸는 방법으로 섹스를 이용하는 사람들이다. 성 행동만 문제 삼을 일이 아니다. 성 행동은 내적 고통의 표현에 불과하다.

또 다른 오해는 성 중독을 너무 가볍게 보는 경우다. '성 중독은 당사자가 원하기만 하면 가볍게 조절할 수 있다'고 믿는다. 성 중독도 마약이나 알코올 중독처럼 하나의 중독이다. 끊기가 쉽지 않다. TV 채널을 돌리듯 성 중독을 끊을 수는 없다. 너무 쉽게 생각하기 때문에 실패했을 때의 좌절도 커진다. 성 중독은 혼자서 해결하기가 어렵다. 자가치료가 어렵다는 말이다. 자가치료가 어려운 이유는 성 중독의 뿌리가 깊기 때문이다. 그 원인은 심리적이고 다양하다. 그리고 대부분의 원인은 비의식에 숨어 있어서 잘 보이지 않는다. 성 행동과 뒤따라오는 죄책감만 느껴질 뿐, 원인은 어둠 속에 가려져 있다. 그래서 성 중독자는 전문가의 도움을 받을 필요가 있다.

성 중독 환자를 어떻게 도울까

성 중독자들도 성 중독에서 벗어나고 싶어 고민한다. 그러나 성 중독은 고민하는 것만으로는 치료될 수 없다. 고민은 열등감과 죄책감을 일으켜 마음을 어둡게 하고 자존감을 낮추기 때문에 더욱 음침한 성욕의 세계로 빠져들게 할 뿐이다. 문제를 풀기 위해서는 시각을 달리할 필요가 있다. 원인이 보이면 방법도 보인다. 자신에게 질문해 보라. '나는 왜 이런 욕구에 빠지는 걸까?' 성욕이 너무 지나쳐서? 그것만은 아닐 것이다. 다른 여러 가지 이유가 있다. 가장 많은 원인은 유년기 모성의 결핍이다. 성 중독자는 여성의 육체를 어머니의 살결로 착각한다. 여성의 품에서 어머니를 느낀다. 그러나 그렇게 만난 여성은 어머니가 아니기에 만족감을 줄 수 없다. 바닷물을 마신

사람처럼 더욱 갈증을 느끼고 또 다른 여성에게 빠져들게
된다. 죄책감과 수치심으로 우울한 날을 보내게 된다.

성 중독자들은 자책하지만 말고 전문가의 도움을 받아
야 한다. 정신분석을 받아 보는 것도 좋다. 갈등이 비의식
에 숨어 있기 때문에 분석은 필요하다. 어머니와의 애착
관계도 평가해 봐야 한다. 어린 시절 부모에게 상처를 받
은 경험은 없는가? 유년기의 성 경험도 중요한 원인이 된
다. 부모의 성교를 본 일은 없는가? 성희롱을 당한 일은
없는가? 성을 죄악시하는 부모의 교육도 문제를 일으킬
수 있다. 유년기 경험이 자신의 성 충동과 연결되어 있음
을 이해하면 치료의 길이 열린다.

성 중독자는 여성의 몸을 지나치게 미화하고 신비롭게
생각한다. 여성을 밥 먹고 대소변 보는 보통 인간으로 보
지 못하고 특별한 성적 대상으로만 본다. 여성을 때로는
슬프고 화내고 우울해지기도 하며, 누군가의 딸이며 누이
인 인간으로 보지 못하고 성적 욕구의 대상으로만 보는
것이다. 그들의 상상 속에서 성적 대상이 되는 여성은 자
신의 육체적 자극에 반응하는 다른 육체일 뿐이다. 인종
도, 인격도, 직업도, 나이도 보이지 않는다. 섹스 스캔들을
일으켰던 미국의 모 대통령이 그랬다. 법원에서 밝혀 낸

성 대상자만 해도 흑인, 백인, 나이 어린 여성, 변호사, 기자, 미스 아메리카, 창녀, 카바레 가수 등 다양했다.

어린아이들은 달콤한 초콜릿을 가진 친구를 만나면 주저하지 않고 초콜릿을 낚아챈다. 초콜릿만 보이기 때문이다. 그러나 좀 더 자란 아이는 초콜릿을 가진 아이가 보인다. 그래서 행동을 자제한다. 성 중독자는 초콜릿만 보는 어린아이와 같다. 그래서 육체 뒤에 서 있는 인간으로서의 여성을 보지 못한다. 여성을 성 욕구의 대상으로 보는 대신에 한 명의 인간으로 보는 연습이 필요하다.

성 중독자들이 유혹을 물리치기 위해 최악의 경우를 예상해 보는 것도 방법이다. 예컨대 퇴폐업소에 가고 싶을 때 경찰의 단속에 걸려 수모를 당하는 장면과 파멸된 자신의 인생을 예상해 보는 것이다. 무엇보다 효과적인 방법은 성 충동을 일으키는 장소를 피하는 것이다. 구약성경에서 청년 요셉은 주인 보디발의 아내가 유혹했을 때 옷자락을 붙들고 늘어지는 여성을 피해 달아났다. 자기 옷을 빼앗으려고 실랑이하는 시간마저 절약했던 것으로 볼 수 있다. 인간은 내면에 강력한 힘을 가진 성적 욕구를 가지고 있어 성욕 앞에서 허무하게 무너질 수밖에 없다. 그래서 성욕을 억제하는 데 가장 좋은 방법은 성욕을 일으키는 환경과 사람을 피해 버리는 것이다.

어떤 사람은 신앙생활을 통해서 성 중독에서 벗어나기도 한다. 인간의 심리는 동시에 두 가지에 관심을 가질 수 없다. 그는 교회 봉사를 하고 교인들과 교제를 나누는 시간이 많아지면서 성에 대한 관심이 줄어들었다고 고백했다. 성경 공부를 하면서 하나님의 은혜를 체험했다. 기쁨을 느꼈고 자기 가치감이 생겼다. "나도 하나님께 사랑받는 존재였구나"라는 생각이 들자 성에 대한 집착이 사라졌다. 그러나 성 중독자들은 신앙생활에서 지나치게 죄책감을 주는 태도를 피하도록 주의해야 한다. 죄책감으로 마음이 억눌리게 되면 다시 성으로부터 위로를 찾게 되기 때문이다. 친밀함에 굶주린 사람들은 성 중독자가 될 위험이 높다.

자위행위로 고민하는 신학생

지나치게 자위행위에 빠지는 사람 중에는 고립된 생활을 하는 사람이 많다. 대인관계가 불편한 사람들이다. 위로와 친밀함에 대한 배고픔을 자위행위로 채우는 것이다. 자위행위에는 상징적인 의미도 있다. 발기는 자신이 아직도 힘이 있음을 확인시켜 준다. 그리고 자위행위 중에 하는 상상 속에서 누군가와 진한 친밀함을 나눌 수 있다. 자위행위는 보통 청소년기에 시작하지만 너무 일찍 유년기부터 시작했거나 결혼 후에도 부부생활에 만족하지 못하고 자위행위를 하는 사람들은 친밀함에 문제가 있는 사람들이다. 고립된 쾌감을 즐기고 있는 것이다. 이는 나쁜 버릇 정도로 간단히 생각할 일이 아니다. 청소년들의 고민 중 자위에 관한 고민은 상위를 차지한다. 그러나 대인관계가 좋고 남녀가 어울리는 그룹 활동을 활발히 하는 청소년들은 자위행위에서 곧 빠져나온다.

P씨는 25세의 신학생이었다. 깡마르고 큰 체격에 얼굴이 창백하고 눈이 큰 영국인이었다. 대학원에서 철학을 전공했고, 신부(神父)가 되기 위해서 신학교에 재학 중이었다. 내가 런던 대학 병원에서 연수를 할 때 본 환자였다. 내 담당 환자는 아니었고 다른 정신분석가의 환자였다. 그는 자위행위에 대한 죄책감으로 조현병에 빠졌다. 면담 중에 '왜 신부가 되려 했는가? 그리고 왜 자위행위에 빠졌는가?'가 밝혀졌다.

P씨는 성욕이 일어날 때마다 이를 죄악시했다. 그러나 억압할수록 성욕은 불일 듯 일어났다. P씨는 참지 못하고

자위행위를 했고, 곧 큰 죄책감에 빠졌다. 그는 기도했다. 기도는 위안을 주었다. 그러면서 그의 생활에 하나의 습관적 공식이 생겼다. '자위행위'-'죄책감'-'기도'-'평안'이라는 공식이었다. 그러나 성욕이 심해지고 자위행위를 많이 하게 되자 이 공식은 통하지 않게 되었다. '음란한 놈'이라는 자기 고발이 심해졌고 하나님의 징계에 대한 두려움이 그를 엄습했다. 불안해서 잠을 잘 수가 없었다. 그는 이렇게 음란한 자신은 신부가 되기에 부적당한 사람이라고 생각하게 되었다.

"이 순간 내 인생이 통째로 무너져 버리는 것 같았어요. 어릴 때부터 나의 꿈이 신부였거든요." 그는 이런 말도 했다. "어머니도 내가 신부가 되는 것을 바라셨어요. 신부가 되는 것은 오랫동안 내 마음의 소원이었어요. 열여덟 살 때부터, 아니 그전에도 그 소원을 가지고 살았어요. 신부가 되어 나병환자촌에서 환자를 위해서 봉사하고, 도움을 주고 싶었어요. 어려서부터 저는 남을 돕는 것을 좋아했거든요. 항상 엄마를 잘 도와드렸어요. 10남매 중에서 제가 어머니를 가장 잘 도와드렸고 심부름도 잘했어요." 어머니를 돕고 싶은 마음이 나환자를 돕고자 하는 마음과 연결되어 있었다. 어머니에게 사랑받는 아들이 되고 싶었던 것이다.

그는 어머니와 유난히 가까웠다. 어머니는 잘 도와주는 아들인 그를 사랑했고, 그는 사랑하는 어머니를 독점하고 영원히 같이 사는 행복한 생활을 꿈꾸고 있었다. 그래서 그는 결혼을 포기하고 신부가 되려 했던 것이다. 종교가 때로는 자신을 위로하고, 합리화하는 도구로 사용되기도 한다. 죄책감으로 괴로울 때 기도하고 위로는 받았지만 마음의 고통이 근본적으로 해결된 것은 아니었다. 정신과 의사는 그에게 "너무 종교적인 데 얽매이지 말고 인간으로서 당신의 마음을 생각해 보라"고 충고했다.

우선 주목할 점은 그가 신부가 되려고 했던 동기였다. 신부는 독신으로 살고 결혼하지 않는다. P씨는 독신으로 살고 싶었다. 독신으로 살아야만 어머니와의 사랑 관계를 계속 유지할 수 있기 때문이었다. 다른 여성과 결혼하면 어머니와 함께 살 수 없다. 게다가 어머니도 P씨가 신부가 되기를 원했다. 정신의학에서는 이런 선택을 '신경증적 선택'이라고 한다. 그의 오이디푸스 콤플렉스가 극복되지 못하고 있는 것이다.

다음은 P씨의 죄책감 문제다. P씨의 죄책감은 성욕과 연관되어 있다. 성욕을 느끼는 것 자체에 큰 죄책감을 느껐다. 정상적인 성적 욕구까지도 그를 두려움에 빠뜨렸다. P씨는 유난히 자신의 성적 욕구를 죄악시했다. 왜 그럴까? 거기에는 숨겨진 이유가 있다. 그 이유를 찾아내는 것이 정신치료의 목적이며, 정신과 의사가 도움을 줄 수 있는 영역이다. 그 이유는 그의 상상 속에서 성의 대상이 어머니였기 때문이었다. 근친상간의 상상이었다. 그렇기에 그는 성적인 욕구를 원천봉쇄하고 억압해야 했다. 그러나 육체를 가진 인간이 가진 자연스런 성적 욕구를 원천봉쇄할 수는 없다. 성적 욕구가 생기고 죄책감을 느낄 때마다 P씨는 기도했다. 그래서 일시적인 위안을 얻었다. 그러나 곧 죄책감이 다시 일어났다. 이것을 반복하다가 그는 절망감에 빠졌다. '나는 신부가 될 수 없어.' 이 절망적인 심정이 정신분열을 초래했던 것이다.

정신분석학에서는 어린 시절의 욕구와 좌절을 중요시한다. 어떤 욕구가 좌절되어 고통스러웠던 어린이는 어른이 된 후에도 그 욕구를 충족하기 위해서 최선을 다한다. 마치 어른 안에 어린이가 살고 있는 것과 같다. P씨 마음속의 아이는 신부가 되어 어머니의 사랑을 받으며 단둘이 살고 싶었다. 어머니에게 과도하게 집착하고 있었기 때문에 인격이 자라지 못하고 고립된 쾌감에 빠졌다. P씨는 이 마음속의 아이를 발견했다. 이 어린이를 이해하고 깨닫게 되면 치료의 길이 열린다.

이 사례에서 주목할 바는 P씨가 자신의 문제를 회피하는 수단으로 기도나 신앙을 이용했다는 것이다. 이런 태도는 마음의 문제를 더욱 복잡하게 한다. 하나님은 우리 마음을 창조하셨다. 마음의 자연스러운 흐름을 이해하는 것은 불신앙적인 태도가 아니다. "속사람을 새롭게 하라"는 성경 말씀도 있다. 여기서 속사람은 심리적인 인간, 내면의 사람을 말한다. 바울 사도는 "내가 장성한 후에는 어린아이의 일을 버렸다"고 하였다. 자신의 문제를 신앙 속으로 도피하지 말고, 직면하여 속사람, 내면의 어린아이를 어른으로 성장시킴이 올바른 신앙의 태도이다.

자위행위는 고립된 쾌감이다. 폐쇄된 공간에서 자가발전하는 자기애이다. 친밀한 인간관계를 맺지 못할 때 인간은 고립되고 상상 속에서 친밀함을 맛본다. 그러나 고립을 벗어나서 인간관계가 활발해지면 자위행위의 유혹도 사라진다.

인터넷 로맨스

인터넷에 빠져 사는 사람들이 있다. 외로움을 덜어 줄 것처럼 보이는 인터넷은 외로움을 더 심하게 만든다. 관계는 증가하는 데 반해 고립은 심화된다. 실제로 사람을 만날 때는 체취도 맡고 보디랭귀지도 할 수 있다. 그러나 인터넷에는 사람의 몸이 없다. 만질 수도, 느낄 수도 없다. 그래서 상상을 많이 하게 된다. 실제 인물 대신에 자신이 만든 이미지가 등장할 가능성이 높아진다. 자기 이미지의 투사다. 헨리 세이덴이라는 심리학자가 정신분석학회에서 인터넷 로맨스의 황당한 결말을 소개했다.

환자는 결혼생활이 불행했던 젊은 남자였다. 어느 날 그는 채팅 방에서 젊은 여성을 만났다. 정말 매력적이고 열정적인 여성이었다. 둘은 채팅으로 많은 이야기를 나눴다. 그러다가 개인 이메일을 주고받는 사이로, 전화로 통화를 하는 사이로 발전했다. 정열적인 전화 섹스도 했다. 마침내 그는 그녀와 사랑에 빠졌다. 이혼한 그는 새 연인에게 청혼했다. 그러나 알고 보니 젊은 여인인 줄 알았던 인터넷 연인은 할머니였다. 할머니가 인터넷 세상에서 젊은 여자 역할을 했던 것이다. 환자가 이렇게 로맨스에 빠질 수 있었던 이유는 인터넷의 특성 때문이었다. 할머니는 자신이 만든 젊은 여인의 정체성을 가지고 행동했다. 인터넷에서는 이것이 가능하다.

게다가 할머니가 만든 젊은 여인은 그를 계속 칭찬해 주었다. "당신은 훌륭해요, 당신은 결코 무능한 사람이 아니에요. 사람들이 당신의 가치를 몰라볼 뿐이에요"라고 그의 자존감을 높여 주었다. 마침내 "이혼하세요. 당신 같은 분에게 그런 여자는 정말 어울리지 않아요. 새 생활을 시작하세요"라며 부추겼다. 고무된 그는 이혼하고 말았다. 인터넷이 만든 젊은 연인이 그를 자기도취에 빠지게 했고 이혼까지 유도했다. '나를 알아주는 여자!' 그가 오래전부터 마음속으로 그리던 여성상이었다. 그는 자기를 알아주고 칭찬해 주는 여성이 필요했다. 이런 대상을 정신분석에서는 '자기대상'(self object)이라고 한다. 그는 채팅 방에서 실제 인물은 할머니인 자기대상을 만났던 것이다. 할머니도 인터넷에서 자기 꿈을 실현했다. 젊은 여성으로 살 수 있었고 한 남자의 사랑을 받았다. 인터넷 로맨스의 실상이고 왜곡된 친밀함이다.

온라인에서 사람들은 또 하나의 다른 세상(on-screen life)을 산다. 거기서 욕망도 성취하고 몰랐던 자신의 새로운 모습을 발견하기도 한다. 정신분석학자 에릭 에릭슨이 말했던 '정신사회적 판단의 유예기'를 온라인에서 지내는 것이다. 유예기 시기는 청소년들이 자기 정체성을 실험해 보는 때이다. 이 시기에 의대를 지망하던 학생이 갑자기 가출해서 중국집 철가방을 메고 뛰어다니기도 한다. 철가방 정체성을 실험해 보는 것이다. 청소년기에는 정체성에 대한 정의가 분명하지 않기 때문에 실험이 필요하다. 이 시기는 정체성 발달을 촉진시킨다. 에릭슨이 이 말을 할 당시에는, 이런 정체성 실험은 청소년기, 특히 대학에 다닐 때 경험하는 것으로 알았다. 그러나 지금은 온라인 공간이 실험 장소가 되었다. 인터넷 공간에서는 동시에 여러 개의 정체성을 가지고 행세할 수 있어서 다양한 자기로서 살아 보는 실험을 할 수 있다. 마음에 들지 않으면 아이디를 버리면 된다. 그 결과에 대해서 책임질 필요도 없다.

그러나 앞서 소개한 남자 환자의 경우 결과에 책임을 지어야 한다. 이혼했고 큰 희생을 치렀다. 우리나라에서도 결혼한 젊은 여성들이 온라인에서 만난 사람과 스캔들을 일으켰다는 보도가 있었다. 온라인을 통해서 만난 사람이 다정하고 인간미 넘치며 친근감을 주더라도 그것은 자기 상상 속의 인물일 가능성이 높다는 것을 알아야 한다. 친근함에 목마른 사람들이 온라인 로맨스에 빠질 위험이 높다.

외톨이, 자기 성 속의 왕자

대학생 시체 한 구가 학교 옥상에서 발견되었다. 호주머니에서 유서가 나왔다. 유서는 간단했다. "잘난 체하는 애들, 잘나가는 애들을 보면 화가 나고 자존심이 상해서 더 이상 살기가 싫다." 친구들의 말에 따르면 그는 항상 외톨이였다. 급우들은 아무도 그가 그렇게 심각한 고민에 빠져 있다는 것을 몰랐다. 3년을 같이 학교에 다녔지만 그의 하숙집에 가 본 사람은 아무도 없었다. 그리고 친구의 집을 방문하는 그를 본 사람도 없었다. 그는 늘 말없이 고개를 떨어뜨리고 맨 뒷자리에 앉아 있다가 수업이 끝나면 곧장 사라졌다. 동아리에도 소속되지 않았고 학과의 모든 행사에 불참했다. 일부 학생들은 그를 거만하다고도 했고 일부에서는 좀 이상한 사람이라고도 했다. 화내는 일도 없었고 가끔 웃는 얼굴이 천진난만해 보여서 관심을 보이는 여학생도 있었다. 그러나 그는 절연체처럼 학과의 모든 일에 무관심으로 일관했다. 아무도 그와 친한 사람이 없었다. 그는 외톨이였다.

음울하고 말 없는 아이, 조승희

버지니아 공대의 조승희 군도 기록에 의하면 '외톨이'(loner)였다. 음울하고 말 없는 아이였던 그는 고등학생 때 모욕적인 사건을 겪는다. 수업시간에 선생님이 조 군에게 책을 소리 내어 읽으라고 시켰다. 남 앞에서 발표하기를 부끄러워하는 그는 당황했다. 선생님은 읽지 않으면 F학점을 주겠다고 위협했다. F를 맞으면 낙제다. 그는 마지못해 일어나 책을 읽었다. 사람을 일대일로 만날 때도 말하기를 두려워하는 그가 대중 앞에서 책을 읽게 된 것이다. 그에게 매우 당황스러운 상황이었을 것이다. 웅얼거리듯 읽는 소리가 조롱거리가 되었다. 아이들은 일제히 웃음을 터트렸고 손가락질하며 조롱했다. "너희 나라로 가버려." 조 군이 느꼈을 모욕감과 분노를 상상해 볼 수 있다. 그가 방송국에 보낸 동영상에서도 굴욕감과 분노를 느낄 수 있었다. "너희가 그 심정을 아는가. 얼굴에 침 뱉는 인간들 앞에서 느끼는 굴욕감. 쓰레기를 삼키는 것 같은 그 비참한 심정을 아는가?" 이 굴욕과 분노의 불덩어리가 그의 마음 깊은 곳에 자리 잡았던 것 같다.

나는 이런 환자를 여럿 보았다. 집단폭행을 당한 뒤에 굴욕감과 분노를 못 견뎌 피해망상증에 빠진 청년도 보았다. 군대에서 '고문관'(왕따) 취급을 당하고 놀림받은 상처 때문에 과대망상증을 보인 청년도 있었다. 자기가 한국 담당 마피아 보스라고 으스댔다. 삭이지 못한 분노는 마음속에서 암덩이처럼 자꾸 자란다. '내가 입을 열어 말하면 사람들이 손가락질하고 조롱할 거야' 모욕감을 피하기 위해서 점점 입을 다물고 사람들을 기피한다. 그러나 완벽한 기피란 있을 수 없다. 열등감을 자극하는 사건을 만날 때마다 '그 애들처럼 이 애들도 나를 무시하는구나. 또 이런 일을 당하다니 분해서 살 수가 없다. 나는 언제까지 이렇게 살아야 하나.' 분노는 또 다른 분노의 상상을 일으키고 가속도가 붙는다. 분노의 대상이 온 세상 사람들로, 불특정 다수의 사람들로 번져 가면 망상이 된다. '모두가 나를 조롱하고 있어. 세상이 나를 미워하는 거야. 내가 뭘 잘못했다고… 억울해. 복수하고 싶다.' 조 군도 피해망상과 과대망상을 보였다. 망상의 원인은 열등감과 분노였다.

정신치료, 약으로만 안 된다

이런 열등감과 분노는 정신치료를 받으면 풀린다. 적어도 비현실적인 분노로 번져 가는 것을 예방할 수 있다. 그런데 조 군은 정신치료를 받은 기록이 없다. 정신병원에 입원했을 때도 정신치료를 받았다는 기록이 없다. 다만 약물을 투여받았다는 보도만 있다. 사건이 있던 그날도 그는 항우울제를 먹고 나왔다. 약으로 인생의 복잡한 문제를 해결할 수 없다는 것은 상식이다. 그런데 마치 약을 먹으면 인생의 스트레스를 다 해결할 수 있는 것처럼 오해하는 정신의학자들이 있다.

세계정신의학회가 열렸을 때 필자가 공동 좌장을 맡은 세미나에서 앨런 타스만(Allan Tasman, 전 미국정신의학회 회장) 박사는 정신과 의사들이 지나치게 약물치료에 의존하고 있다고 경고했다. 인생의 문제를 뇌 수용체의 변화라는 생물학적 해석으로 너무 단순화하고 있다고 지적했다. 환자의 문제를 이해하지 못한 채 약물만 투여하는 것은 치료에 도움이 안 된다는 뜻이다. 지난 30년 동안 수많은 정신약물이 쏟아져 나왔다. 그리고 정신의학자들은 약이 치료에 획기적인 도움을 줄 것을 기대했다. 약에 대해 희망을 갖고 30년을 보냈다. 물론 어느 정도의 발전은 있었다.

그러나 약간의 증상적 호전을 보일 뿐 환자들이 적어도 약의 50퍼센트를 쓰레기통에 버리고 있다는 통계가 있다. 제약회사의 배만 불리는 결과를 낳았다. 고통받는 인간의 마음을 이해하려 하기보다는 약물에 의존하는 정신과 의사들이 많아졌다. 비극적인 일이다.

아마 조 군도 이런 미국 정신과의 분위기 때문에 정신치료의 기회를 얻지 못했을 거라고 생각한다. 그렇다면 억눌린 분노를 처리할 기회를 잃은 제2, 제3의 조승희는 어떻게 할 것인가? 외톨이들은 어디에 가서 도움을 받을 것인가? 정신과 의사로서 나의 걱정이 이것이다. 다행히 미국 정신과는 정신치료의 필요성을 다시 인식하고 작년부터 정신과 전문의 시험 항목에 정신치료 능력을 추가했다. 앨런 타스만 박사는 참으로 다행스러운 일이라고 했다.

열등감이 깊은 외톨이들

보도에 의하면 조승희 군이 평소 말이 없고 열등감 심한 아이가 된 것이 똑똑한 누나 때문으로 알려졌다. 물론 누나의 죄는 아니지만 나도 그럴 가능성이 있다고 생각한다. 조 군의 누나는 하버드 대학에 합격했으나 프린스

턴 대학에 입학했다. 장학금을 받기 위해서였다. 프린스턴 대학도 일류대학이다. 대학 때는 자원봉사로 아시아에서 일했고 능력을 인정받았다. 지금은 이라크 재건 기금을 관리하는 일을 하고 있다. 내가 놀랐던 점은 그녀가 동생의 사건 직후 AP통신을 통해 가해자의 가족으로서 희생자들과 가족에게 사과문을 발표한 일이었다. 24세가 된 젊은이로서는 아주 지혜롭고 당당한 태도였다. 나의 환자들 중에는 누나나 형들이 모두 서울대에 진학해 자신도 서울대에 입학해야 한다는 압박감을 못 견뎌 우울증에 빠지는 경우도 있었다. 특히 학벌을 중요시하는 부모의 자녀에게서 이러한 열등감이 심하다. '누나는 똑똑한데 나는 못난이야.' 조 군은 일류대학인 버지니아 공대에 합격했지만 자신이 원하는 과에는 갈 수 없었다. 이것도 그의 열등감을 자극했을 것이다.

조 군이 말수가 적고 사람과 친해지지 못한 원인은 열등감 때문이었을 것 같다. 그의 룸메이트는 그와 인사도 나눌 수 없었다고 했다. 그는 주로 혼자서 음악을 듣고 컴퓨터 앞에서 시간을 보냈다. 삼성사회정신건강연구소의 이시형 박사에 의하면 외톨이의 생활 방식은 특이하다.

방과 후 주로 집에서 혼자 시간을 보낸다.

친구를 집에 데려오지 않는다.

친구 집에 놀러가지도 않는다.

친구에게 전화 걸지 않는다.

등하교 길에 같이 다니는 친구가 없다.

소풍이나 체육대회 때 참석하지 않는다.

친구를 오래 사귀지 못한다.

친구들로부터 따돌림을 당하거나 놀림을 당한다.

친구가 없어서 학교 가기를 싫어한다.

학년이나 학교가 바뀔 때 걱정을 많이 한다.

조 군도 이런 특징을 많이 보였다. 외톨이가 겪는 어려움은 상상할 수 없을 정도로 크다. 학교에서 따돌림 당하는 외톨이는 자신을 따돌리는 친구들에게 분노를 느끼지만 속으로 삭이며 산다. 보복 상상도 많이 하고 상상 속에서 미운 사람을 죽이기도 한다. 자살 상상도 많이 한다. 친구가 없기 때문에 고독감이 진저리 쳐질 정도로 싫다고 한다. 학교를 중도에 포기하는 학생도 많다. 그들은 청년기가 되면 직장에서도 동료들과 어울리지 못하고 밖으로 돈다. 배우자과도 친근해지지 못하여 결혼생활도 어렵다.

현대 사회구조가 외톨이를 만들고 있다

학생들 중 약 4퍼센트가 외톨이라고 한다. 외톨이들은 고독하다. 그러면서도 친구들과 어울리지 못하고 외톨이가 되는 이유는 무엇일까? 열등감이 심해서이다. '나는 쓸모없는 존재야. 누가 나 같은 놈을 좋아하겠어. 창피당하기 전에 조심하자.' 그래서 울타리를 치고 그 안에 틀어박혀 산다. 또 다른 이유는 우월감이다. 일종의 공주병이다. 겉으로는 드러내지 않지만 속으로는 이렇게 말하고 있다. '나는 귀족이야. 저런 천박한 인간들은 내 상대가 안 돼. 나는 내 격에 맞는 사람을 만나지 못해서 외로운 거야.' 열등감도 우월감도 아니면 대화의 기법을 몰라서 외톨이가 되기도 한다. 외톨이 중에는 이미 정신질환을 앓고 있는 경우도 있다.

현대 사회구조 자체가 외톨이를 만들고 있다고 볼 수도 있다. 핵가족은 아이가 하나나 둘이다. 요즈음 청소년들은 어른들의 청소년기와 달리 대가족이 어울려 살면서 양보하고 나누는 연습이 안 된 아이들이다. 어머니들은 하나뿐인 아이를 위해서 온갖 정성을 다 쏟고 과잉보호한다. 아이의 관심이 친구들에게 옮겨 갈 겨를이 없다. 부모의 관심은 자녀의 친구관계보다 공부에 기울어져 있다.

친구의 안부를 묻는 부모는 없고 오로지 성적에만 관심이 있다. 더구나 교실 환경은 '누가 잘 났나?' 하며 급우들끼리 경쟁하고 개인주의가 판치는 분위기이다.

나이 든 사람들은 방과 후에 동네 친구들과 해가 지도록 물총을 쏘며 뛰어놀던 추억이 있을 것이다. 친구 집에서 친구 어머니가 삶아 주신 고구마를 나누어 먹으며 즐거웠던 기억도 있다. 그 시절엔 가난했지만 골목친구, 동네친구들이 있었다. 친구가 매를 맞으면 같이 싸워 주었고, 아픈 친구의 가방을 들어 주는 친구도 있었다.

그 시절에는 단짝 친구(best friend)가 하나씩은 있었다. 단짝 친구는 대개 초등학교 고학년 시기에 나타난다. 대개는 한 친구를 단짝으로 지목한다. 단짝은 새 학년이 시작되어 낯선 아이들 속에서 두려울 때나 도전받는 상황에서 도움을 준다. 친함의 표시로 옷이나 물건을 빌리고 빌려 준다. 너무 친해서 떠나갈까 두려워한다. 어릴 때 단짝을 가져 본 사람은 어른이 되어서 친근한 관계를 맺는 능력이 있다. 성인기의 부부관계나 대인관계의 원형이 되기 때문이다.

그러나 도시화되고 아파트 생활을 하면서 골목친구, 동네친구가 사라졌다. 왕따를 당하고 폭행을 당해도 같이

273

싸워 줄 단짝이 없다. 아이들은 집에서 혼자 노는 시간이 많아졌다. 핸드폰을 하거나 게임을 한다. 잔인한 게임을 즐기는 아이들도 많다. 인터넷의 확산으로 사람 만나는 일은 더욱 드물어졌다. 인터넷 속 만남은 가상세계의 만남일 뿐이다. 자기 아이디는 만들어진 것이기에 지워 버리기도 쉽다. 인터넷은 고립된 생활을 조장하는 중요한 요인이 되었다. 인간과 인간의 직접적인 만남이 가상의 만남으로 전환되었다. 외톨이를 만드는 환경이다.

외톨이를 극복하는 방법

우선 적극적으로 친구를 사귀어야 한다. 친구를 사귀기 위해서는 친구들에게 호감을 사는 법도 배워야 한다. 어떤 사람이 호감을 주는가? 다른 친구에게 관심이 많고 양보를 잘하고 관대한 사람이다. 잘난 체하지 않고 자신의 부족함이나 감정을 자연스럽게 노출할 줄도 안다. 공감을 잘한다. 친구의 병문안은 꼭 간다. 생일을 축하해 준다. 맛있는 것이 생기면 친구를 생각하고 좋은 일은 꼭 친구와 나눈다. 모임에 적극적으로 참여하고 공동관심사를 가지기를 좋아한다. 친구에게 시간을 내주는 데 인색하지 않다. 친구와 같이 있는 시간이 많다. 대화할 때도 상대방의 의견을 존중할 줄 안다. 열심히 들어주고 상대방의 감정을 잘 파악한다. 상대방을 칭찬하는 말로부터 대화를 시작한다. 친구를 사귈 때도 먼저 접근하고 먼저 인사한다. 반면에 인기 없는 사람은 친구에게 관심이 없고 이기적이다. 잘난 체하고 뽐내며 자기 생각만 고집한다. 자기중심적이다. 외톨이들은 자기만의 성을 높이 쌓고 그 안에 갇혀 산다. 친밀한 관계를 맺지 못하는 사람들이다.

외톨이라면 용기를 내어 모임에도 가입하고 친구 사귀기를 시도해 보자. 인생이 달라질 것이다. 친구를 가지면 삶의 질이 높아진다. 정신질환도 예방할 수 있다. 영장류 중에서 고독을 가장 못 견디는 동물이 인간이기 때문이다. 인간은 인간을 통해서 행복해지고, 자기 가치를 확인하는 존재이다.

3장

친밀한 관계의 시작,
엄마

다른 사람을 행복하게 하는 사람

인간은 최초의 친밀함을 엄마에게서 느낀다. 이 친밀함은 인격 성장의 토양이고 영양분이다. 많은 정신분석학자들은 '자신감 있는 아이가 되느냐' 아니면 '열등감에 사로잡혀 사는 비굴한 아이가 되느냐'의 결정이 갓난아이 시기 엄마에게 친밀함을 느꼈는가의 여부에 달려 있다고 보았다. 뇌가 왕성하게 발달하는 시점에 경험한 친밀함이 아이의 뇌 속 깊이 새겨진다는 것이다.

H사장은 30대의 CEO다. 사람들과 잘 지내고 인기도 좋다. 리더십도 뛰어나다. 그에게는 늘 흥미로운 화제가 있고 그의 옆자리는 편한 느낌을 준다. 사람들은 그와 함께 일하고 싶어 한다. 그는 항상 긍정적이어서 주변 사람에게 무언가 좋은 일이 생길 것 같은 기대를 준다. 친구들은 괴롭고 외로울 때 그가 생각난다고 한다. 그는 사람을 좋아한다. 그는 사람이 반갑단다. 심지어 거지도 반갑단다.

H사장은 어떻게 이런 능력을 갖게 되었을까? 정신의학에서는 그가 유아기에 어머니에게 보살핌을 잘 받았기 때문으로 본다. 실제로 그의 어머니는 좋은 엄마였다. 아이가 보내는 사인을 바로 알아듣고 반응을 보여 주었다.

아이가 기저귀가 젖어서 칭얼대면 곧 포근한 새 기저귀로 갈아 주었다. 춥다고 사인을 보내면 따뜻한 품에 안아 주었다. 배가 고파 울면 충분히 젖을 주었다. 그리고 젖을 다 먹고도 젖꼭지를 갖고 놀게도 해 주었다. 그의 엄마는 변덕스럽지 않았다. 자기 기분에 따라 웃다가 화냈다가 변하는 사람이 아니었다. 그의 엄마는 한결같았다. 아이가 세상에서 가장 소중하다고 생각했다. 박사학위보다, 돈 버는 것보다, 심지어 자기 몸보다도 더 소중하다고 했다. 아이 때 H사장은 엄마의 기쁨이고 모든 것이었다. 그녀는 H사장을 생각만 해도 저절로 미소가 나왔다. 아이와 있으면 행복하고 아이를 혼자 두면 불안했다. 그녀에게 H사장은 "이렇게 예쁠 수가 있을까?" 싶은 존재였고 그렇게 예쁜 존재였다.

아이들은 생후 7, 8개월이 되면 낯을 가리고 엄마를 알아본다. 사실은 생후 일주일 된 아이도 엄마의 음성을 알아듣는다는 실험 결과가 있다. 아이들은 엄마의 젖 냄새나 음성, 손길이나 젖의 촉감을 통해서 엄마를 알아본다. 아이는 엄마가 곁에 있으면 안심한다. 엄마는 아이에게 가장 친밀함을 주는 대상이다. 아이는 엄마 때문에 행복하다. 위로해 주고 보살펴 주는 엄마가 곁에 있으면 아이

는 두려움을 모른다. 그러나 엄마가 곁에서 떠나 버리면 아이는 운다. 두렵기 때문이다. 엄마가 다시 돌아오면 아이는 다시 평온을 되찾고 생글거리며 논다.

세상에 갓 태어난 아이의 입장에서 생각해 보자. 배가 고파서 신호를 보냈더니 발자국 소리가 나고 누군가가 자기 몸을 안아 올리더니 입에 부드러운 젖꼭지를 물려 주었다. 쪽 빨았더니 맛있는 젖이 꿀꺽꿀꺽 목으로 넘어가고 배고픔이 사라졌다. 만족감을 느꼈다. 불편할 때마다 신호만 보내면 누군가가 곧장 달려와 해결해 주고 만족감을 주었다. 엄마는 마술사처럼 아이의 모든 소원을 만족시켜 준다. 생존 능력이 없는 아이에게 이런 고마운 대상이 없다면 그것은 곧 죽음을 의미한다. 아이는 고마운 대상, 즉 엄마를 믿으며 엄마만 있으면 안심하게 된다. 엄마와 있으면 편하고 재미있고 부족한 것이 없다.

《아이를 잘 키운다는 것》의 저자 노경선 박사는 "원만한 대인관계를 가지려면 다른 사람과 함께 있을 때 재미있고 좋았던 기억이 있어야 한다. 즉 최초의 다른 사람인 엄마가 반갑고 좋았던 기억이 있어야 한다. 엄마가 내 고통을 해결해 주었던 기억, 엄마에게 위로받고 행복했던 기억이 비의식에 있어야 한다. 그래야 다른 사람 만날 때도 재미있고 좋을 것이라는 기대를 가질 수 있다. 남에게 편한 마음을 갖고 의지할 수도 있고 남의 부탁을 들어줄 수도 있다"고 했다. H와 같은 사람이다. 이런 사람은 자기 주변의 사람을 편하게 해 준다. 친밀함을 느끼게 해 준다. 이 느낌은 매우 치료적이다. 친밀함에 굶주린 사람들에게 그는 치료제이다.

존스 홉킨스 대학의 실험

존스 홉킨스 대학에서 한 실험을 진행했다. 한 엄마가 9개월이 된 아기를 안고 실험실에 들어온다. 실험실에는 재미있는 장난감이 여기저기 흩어져 있고 엄마가 앉을 만한 의자도 있다. 엄마는 의자에 앉고 아기는 곧 장난감에 흥미를 느끼고 방을 기어다니며 논다. 엄마가 자기를 지켜 주고 있다고 믿기 때문에 아기는 안심하고 놀 수 있다. 아기의 호기심은 엄마로부터 꽤 멀리 떨어진 곳의 장난감까지 도달한다. 이때 아기의 행동 방향은 엄마 쪽을 향하는 것이 아니고, 이와는 반대 방향이다. 바깥세상을 향하고 있다. 이런 행동을 탐구 행동이라고 부른다. 호기심 본능이 이 행동의 동기가 된다.

다음 실험 상황에서 낯선 사람이 실험실에 들어온다. 낯선 사람이 나타나면 아이는 두렵다. 두려운 아이는 모든 탐구 행위를 중지한다. 아기는 곧 엄마를 향해서 기어간다. 위험으로부터 보호해 줄 대상이 엄마이기 때문이다. 아기가 위험을 느꼈을 때 엄마 쪽으로 달려가는 행동을 애착 행위라고 한다. 엄마는 아이에게 피난처(secure base)이다. 아이는 엄마가 자기를 보호해 줄 것임을 믿는다. 무언가 필요할 때 필요를 공급해 줄 것도 믿고 있다. 엄마가 자기를 세상 누구보다 더 좋아한다는 것을 알고 있다. 엄마와 같이 있으면 안전하고 편하다. 엄마도 좋고 아기도 좋다. 이러한 애착관계가 친밀한 관계의 시작이다.

아기의 행동은 크게 두 가지 방향을 갖는다. 하나는 엄마로부터 밖으로 향하는 탐구 행위이고, 다른 하나는 엄마 쪽으로 향하는 애착 행위이다. 탐구 행위는 애착 욕구가 충족되어 불안이 없어진 다음에야 나타난다. 엄마만 가까이 있으면 아기는 전쟁 속에서도 행복하다. 그러나 엄마가 없으면 아기의 탐구 행동은 사라지고 심할 때는 퇴행하고 우울증에 빠진다. 인생의 위험은 예측할 수 없을 때 엄습한다. 아기의 경우도 마찬가지다. 언제 아이가 위험을 느끼고 엄마를 찾을지 모른다. 그러므로 좋은 엄마는 항상 아기가 찾을 수 있는 곳에 있다. 불안했던 아기는 엄마를 확인한 후 안심한다. 그리고 다시 용감하게 탐구를 시작한다.

탐구 행동을 통하여 아기의 지능은 발달한다. IQ가 높은 아이들은 탐구 행동에 활발했던 아이들이다. 이 행동을 적절히 허용해 주는 엄마가 좋은 엄마다. 아기는 무엇이든 만지고 싶다. 엄마의 화장품, 아빠의 넥타이, 누나의 공책, 심지어 뜨거운 물주전자도 만지려 한다. 또한 아기는 가고 싶은 곳이 많다. 엄마가 있는 부엌, 아빠의 서재, 화장실, 마당…. 아기는 위험한 계단에도 올라가고 싶다. 모두가 건강한 탐구 행위이다. 안전 아래 탐구 행위가 허용될 때 아이의 지능은 발달하고 독립적인 인격으로 자란다.

좋은 엄마는 아기의 탐구 욕구를 자연스럽게 충족시켜 준다. 위험을 제거하고 아이에게 되도록 많은 공간과 자유를 허용해 준다. 너무 비싼 가구나 도자기, 비싼 벽지들은 엄마를 불안케 한다. 불안한 엄마는 자신도 모르게 아기의 행동을 지나치게 통제하게 된다. 그래서 비싼 가구나 벽지는 아이 키우는 집에 좋지 않다. 아이에게 좌절감을 주기 때문이다. 너무 깔끔한 엄마는 아이의 탐구 욕구와 자주 충돌을 일으킨다. 엄마는 집을 깔끔하게 정리하고 누가 방문하더라도 "참 살림 잘하시네요"라는 칭찬을 듣고 싶은데 아기는 엄마의 이런 소원을 번번이 배반한다. 엄마는 "너 때문에 내가 못 살겠다"고 불평한다. 하지만, 사실 아이가 엄마에게 하고 싶은 말일 것이다. "엄마 때문에 제가 못 크겠어요."

잘 정돈된 집을 갖고 싶은 욕망을 잠시 접어야 한다. 적어도 아이가 자기 방 하나쯤은 마음대로 어질러 놓을 수 있어야 한다. 엄마가 통제하면 아이의 탐구 행위는 점차 위축되고 만다. 아이는 말 잘 듣고 조용한 아이로 변한다. 엄마가 자기의 탐구 행위를 싫어한다는 것을 배우기 때문이다. 아이는 어떻게 해야 엄마의 사랑을 잃지 않을 수 있는지 배운다.

머리 좋은 아이는 엄마가 만든다

머리 좋은 아이일수록 호기심이 많다. 그래서 질문도 많다. "엄마, 이건 뭐야?" 호기심은 탐구 행위이다. 그런데 어떤 엄마는 아이의 질문이 귀찮다. "조용히 해. 크면 다 알아." 엄마가 이런 반응을 보이면 아이의 질문은 열 가지에서 다섯 가지로 줄고 다시 셋으로, 어느 날부터는 아무런 질문도 하지 않는다. 자신의 질문을 엄마가 싫어한다는 것을 배우기 때문이다. 아이가 호기심에 차서 질문하면 엄마는 질문에 관심을 주고 아이의 눈을 보며 대답해 주어야 한다. 이렇게 하면 아이는 호기심의 충족을 경험한다. 이것은 지적 만족감을 준다. 배우는 즐거움이 여기에서 시작된다. 세상을 알아 가는 즐거움이다. 공부란 호기심의 충족이다. 이때 배우는 즐거움을 경험한 아이들이 머리도 좋고 학교에서 공부에 재미를 느낀다. 배울 것이 많은 세상이 흥미롭다.

"저는 고3 생활을 즐겼어요. 남들은 입시지옥이라고들 하지만 저는 공부에 전념할 수 있었던 그때가 좋았어요." 의과대학에 다니는 한 남학생의 말이었다. 고3 생활을 즐기던 그는 의대에 합격해 정신과 의사가 되었다. 그의 유년기는 행복했다. 어머니는 너그럽고 사랑이 넘치는 분이었다. 어머니는 친구들에게도 친절했다. 흙먼지를 몰고 오는 아들의 친구들을 어머니는 한 번도 박대한 일이 없었다. 그가 유치원에 다닐 때 친구들은 이런 어머니를 가진 그를 부러워했다. 한 친구는 "네 엄마가 좋아. 나가 놀라고 쫓아내지 않으니까"라고 말했다. 어릴 때 그의 집은 동네 아이들의 놀이터가 되었다. 애들이 한바탕 놀고 간 집안은 모래와 흙이 서걱거렸고 난장판이 되었다. 그래도 어머니는 즐겁게 노는 아이들을 좋아했다. 놀이는 아이들에게 즐거움을 준다. 그리고 놀이는 탐구 행위이다. 애들은 놀면서 성장한다. 놀이터는 인간관계의 훈련소이다. 사회성을 기르는 장소이다. 놀이터를 제공해 준 그의 엄마는 훌륭한 엄마였다. 아들은 세상을 탐구하는 맛을 충분히 즐길 수 있었다. 그 덕분에 공부가 재미있던 것이다. 그는 인간에 대한 애정도 깊어서 좋은 치료자가 되었다.

인간에게는 호기심이란 본능이 있다. 모르는 것을 알고자 하는 본능이다. 숨겨진 것은 유난히 더 보고 싶은 것이 인간의 심리다. 보지 말라는 영화일수록 더 보고 싶은 것이 학생들의 심리다. 원숭이를 창문 없는 방에 가두었다. 그리고 높은 곳에 작은 창문을 내 주었다. 그리고 방에 발판이 될 만한 상자들을 두었다. 원숭이는 상자들을 놓고 그 위에 올라서서 창문 밖을 내다보았다. 창밖에 아무것도 없는데도 원숭이는 그 일을 계속했다. 심리학자들은 호기심 본능 때문에 원숭이가 높은 창밖을 보고 싶어 한다고 보았다. 바나나도 없고 아무런 보상이 없다. 단지 창밖을 확인한다는 만족감을 얻을 뿐인데도 원숭이는 열심히 상자를 모아서 창문 밑에 놓고 그 위에 올라서서 창밖을 본다.

인간은 원숭이보다 이 호기심이 더 강하다. 그리스 신화에 나오는 '판도라의 상자'가 인간의 호기심을 잘 보여주는 예이다. 프로이트 박사가 의과대학에 진학한 이유도 비의식에 있던 어머니의 몸에 호기심이 있었기 때문이다. 의대생들은 인체를 공부한다. 호기심은 탐구 행위를 낳고 지능 발달을 돕는다.

엄마와의 관계가
평생의 인간관계를 결정한다

정신질환의 예방을 위해서도 그렇거니와 친밀한 대인관계를 위해서도 좋은 엄마, 화목한 가정이 필요하다. 친밀함을 누리고 사는 사람들은 유년기에 어머니의 사랑을 충분히 받고 자랐다. 특히 세 살 이전이 중요하다. 이 시절에 부모와 애착관계가 잘 형성되었던 아이들은 성장 후에 사람을 좋아하고 이웃들과 친근한 대인관계를 잘 맺는다.

친밀함의 뒤에는 어머니의 숨결이 숨어 있다.

애착관계는 생후 3세 이하의 아이들에게 생기는 관계이다. 아이는 자기 생존을 위해서 어머니나 보호자를 제 곁에 붙들어 두는 행동을 한다. 매달린다든지, 울거나 웃는 행동들이다. 이런 행동으로 엄마는 꼼짝 못하고 아이 곁에 붙어 있게 되고, 아이의 명령에 절대 복종한다. 그래서 프로이트 박사는 "아이는 집안의 황제다"라고 말했다. 엄마는 사랑의 시녀가 된다. 이런 애착관계가 아이의 성격 발달에 아주 중요하다. 애착관계가 잘된 아이들을 '애착 안정아'라고 한다. 대인관계가 원만한 성격은 '애착 안정아'였던 사람들이다.

반대로 '애착 불안정아'나 '애착 혼란아'는 대인관계를 두려워하고 파괴적인 성격이 된다. 위안이 필요해서 다가갔는데 오히려 엄마가 짜증을 내고 혼을 내면 아이는 혼란스럽다. 앞에서 소개한 코에 열등감을 가졌던 여자 박사가 이런 경우였다. 아이는 엉덩이에 난 부스럼이 아파서 달려갔는데 어머니는 아픈 아이를 위로하고 치료해 주기는커녕 오히려 엉덩이를 보였다고 나무랐다. 아이는 혼란에 빠졌고 수치심 많은 아이로 자랐다. 이런 부모를 가진 아이는 애착 혼란아가 된다. 다른 사람들을 대할 때도 상대의 반응이 두려워진다. 조현병의 원인이 된다.

사람들과 잘 지내고 친밀함을 느끼려면 엄마와 애착경험이 있어야 한다. 그런데 현대 유아들은 애착장애의 위기 위에 놓여 있다. 어머니들이 직장생활을 하기 때문에 아이에게 집중할 수가 없다. 되도록 3세까지는 엄마가 아이 곁에 있어 주어야 한다.

아이를 봐주는 사람(babysitter)도 주의해야 한다. 아이가 귀찮아서 마구 재우는 사람도 있다. 엄마가 없을 때는 무섭게 굴다가 엄마 앞에서는 천사처럼 돌변하는 경우도 있다. 이럴 경우 아이는 혼란에 빠진다. 집안에 사람을 들일 때는 인간성을 보고 들여야 한다. 애착관계가 어머니가 아니라 아이 봐주는 사람이나 할머니에게 생기는 것도 문제가 될 수 있다. 정든 사람과 헤어질 때 아이에게 우울증이 올 수도 있기에 아이 봐주는 사람을 자주 바꾸지 않는 게 좋다. 아이는 정든 사람에게 버림받는 경험을 반복하며 상처받는다.

어머니의 성취 욕구와 아이의 의존 욕구 사이에 갈등도 존재한다. 성취 욕구가 강하고, 경쟁심이 높고 열등감이 심한 어머니는 가시적인 성공을 원하게 된다. 그게 없으면 불안하기 때문이다. 그러면 아이는 엄마의 성공에 걸

림돌이 된다. 귀찮은 존재가 된다. 아이는 존재만으로 충분히 사랑스럽다. 사랑받을 권리가 있다. 박사 엄마, CEO 엄마도 좋지만, 아이 곁에 있어 주고 아이의 필요에 민감한, 다정다감한 엄마가 아이에게는 필요하다. 이런 아이가 남들과 잘 지내는 사람이 된다.

아이는 자기 인생의
청사진을 가지고 태어난다

인위적인 유아교육, 즉 머리로 아이를 키우려는 어머니도 문제다. 젊은 어머니가 있었다. 남편은 6대 독자였다. 결혼하자마자 아들을 낳았다. 집안에 경사였다. 그런데 이 귀한 아들을 잘 키워야 한다는 압박감이 그녀를 억눌렀다. 공부하기를 좋아하는 그녀는 온갖 육아 관련 책을 섭렵하고 육아계획표를 만들었다. 젖을 그냥 먹이지 않고 식단을 짜서 시간에 맞춰서 먹였다. 잠도 계획적으로 시간표대로 재웠다. 운동도 규칙적으로 시켰다. 나는 궁금해서 "우유를 줄 시간이 5분 남았는데 아이는 배고파 울면 어떻게 하나요?"라고 물었다. 그 유식한 엄마는 말했다. "참아야지요. 아가, 5분만 참아라." 그리고 기다린 단다. 안타깝지만 기다려야 한단다. 세계적인 육아 방법 대가가 제시한 방법을 잘 따라야 아들이 잘 자랄 수 있 다고 굳게 믿고 있었다. 아들의 리듬은 무시되고 있었다. 엄마와 아들 사이에는 대가의 권위만 살아 있었다. 그러 나 어머니가 만든 시간은 대가의 시간일 뿐 아이의 시간 은 아니다.

아이를 머리로 키우려는 엄마들로 현대의 유아들은 불 행하다. 아이가 배고플 때가 아이가 먹을 시간임을 기억 해야 한다. 아이가 정한 시간이 아이의 시간인 것이다. 아 이들은 순한 아이도 있고 공격적인 아이도 있다. 빠른 아 이도 있고 느린 아이도 있다. 아이의 시간을 존중해 주어 야 아이가 건강하게 자란다. 영재교육을 한다고 아이의 흥미나 성장과 상관없이 주입식 교육을 한다. 참으로 위 험천만한 일이다. 너무 일찍 영어를 가르치다가 언어장애 가 온 아이도 있었다.

에릭 에릭슨은 아이들은 태어날 때 성장의 청사진(blue print)을 가지고 태어난다고 했다. 집을 지을 때 청사진대 로 착착 지어 가듯이 아이들은 자기들의 청사진대로 자 기 속도에 맞추어서 자란다. 시냇가에 심은 나무가 시절

을 좇아 열매를 맺음과 같다. 부모의 뜻대로 아이를 끌고
가는 건 부모의 역할이 아니다. 방해 인자나 해로운 것을
제거해 주는 게 부모의 역할이다. 비옥한 토양과 풍부한
물과 햇빛을 공급하면 아이는 자기 시간에 맞춰 자신에게
필요한 것들을 흡수하여 건강하게 자란다. 다른 사람들과
잘 지내는 아이는 잘 섬기는 리더도 될 수 있다. 아이는
인위적으로 키워서는 안된다. 아이의 필요에 민감하고 아
이의 시간표를 따라가는 엄마가 좋은 엄마다. 이런 엄마
를 가진 아이는 사람들과 잘 어울리고 친해지며 친밀함의
행복을 나누어 주는 어른이 된다.

구원자가 되는 치료자

치료자의 치료 효과를 잘 보여 준 실험이 있다. 위스콘신
대학의 해리 할로 박사는 흥미로운 원숭이 실험을 진행했
다. 갓난 원숭이를 어미와 사회로부터 격리시켜 혼자 살
게 했지만, 최상의 환경과 먹이를 공급해 주었다. 그리고
이 격리 원숭이가 자라면서 보여 주는 행동을 관찰했다.
격리 원숭이는 이상한 자세로 하루 종일 앉아 있을 때가

많았다. 자기 발을 피가 나도록 물어뜯는 자해행위도 했다. 격리 원숭이는 새끼를 낳았고, 새끼를 돌보지 못하는 비정한 어미가 되었다. 예컨대 실험자가 긴 막대기로 새끼를 위협했다. 새끼는 비명을 지르며 어미의 품으로 피했다. 정상적인 어미라면 새끼를 품에 안고 공격자를 피해서 달아난다. 그러나 친밀함을 경험하지 못하고 고립되어 자랐던 어미 원숭이는 놀랍게도 자기에게 달려온 새끼를 때려 쫓아 버렸다. 새끼는 갈 바를 모르고 당황하다가 어미의 등 뒤로 숨었다. 새끼의 불안한 눈빛이 애처로웠다. 어미 원숭이는 자기 새끼를 품에 안을 수 없었다. 부모의 보살핌을 받지 못하고 자란 원숭이의 비정상적인 모습이었다.

격리 원숭이의 행동 중 가장 특이했던 것은 친근한 관계를 맺지 못하는 모습이다. 격리 원숭이 여럿을 한방에 넣고 상호관계를 관찰했다. 그들은 함께 어울리지 못했다. 각자 일정한 거리를 두고 앉아서 하루 종일 허공만 바라보고 있었다. 때로는 자기 발가락을 빨거나 자기 성기를 가지고 자위행위를 했다. 마치 곁에 아무도 없는 것처럼 자기 세계에 빠져 있었다. 혼자 놀 뿐 어울려 놀지를 못했다. 정상 원숭이는 낯선 원숭이를 만나면 처음에

는 힘겨루기를 한다. 그러나 곧 친해져서 서로 털 손질을
해 준다. '그루밍'(glooming)이라는 이 행동은 친근한 관
계에서만 일어난다. 격리 원숭이는 그루밍을 하지 못했
다. 정상 원숭이들은 서로 몸을 부딪치며 노는 '몸 접촉놀
이'(contact play)를 했다. 그러나 격리 원숭이는 멀찍이 떨
어져 혼자 놀 뿐이었다. 친근한 행동이나 관계를 맺는 능
력이 없었다. 다른 원숭이들과 영원한 '남남'이었다.

　연구팀은 정상적으로 자란 원숭이를 격리 원숭이의 방
에 넣어 보았다. 정상 원숭이가 접근하여 그의 몸에 손
을 대자 격리 원숭이는 비명을 지르며 도망갔다. 구석으
로 피해 떨기만 했다. 격리 원숭이는 정상 원숭이가 접근
만 해도 큰 위협을 느끼는 것 같았다. 상대방이 공격하려
는 의도가 전혀 없어도 상대를 위험으로 인식했다. 이는
친밀함을 두려워하는 사람에게서 흔히 볼 수 있는 심리
현상이다. 그들도 격리 원숭이처럼 같은 공간에 누군가가
있다는 사실만으로 불안해한다. 상대가 나를 공격하거나
비난할 사람이 아님을 알면서도 마음은 그 자리를 피하고
싶어 한다. 비의식에 친밀함을 피하고자 하는 이유가 숨
어 있기 때문이다.

　위스콘신 연구팀은 비정상적으로 자란 격리 원숭이를

치료할 방법을 찾았다. '치료자 원숭이'(therapist monkey)를 이용하는 것이다. 치료자 원숭이는 생후 3개월 된 원숭이들이다. 생후 3개월 된 원숭이를 선택한 데는 이유가 있었다. 원숭이는 생후 3개월이 지나면 상대의 기분을 살피는 능력이 생긴다. 상대가 자기에게 적대적인지 아닌지를 살필 줄 알게 되어 격리 원숭이를 피할 것이다.

격리 원숭이의 우리에 치료자 원숭이를 넣었다. 치료자 원숭이가 접근하자 격리 원숭이는 몹시 불안해했다. 그래도 치료자 원숭이는 격리 원숭이를 만지고 그루밍해 주었다. 첫날은 한 시간 정도 같이 있게 했다. 그리고 점점 시간을 늘려 갔다. 신기하게도 몇 주가 지나자 격리 원숭이가 치료자 원숭이에게 우호적인 반응을 보이기 시작했다. 치료자 원숭이가 접근해도 편하게 받아들이고 마침내 같이 놀기 시작했다. 격리 원숭이가 치료자 원숭이의 털도 손질해 주었다. 치료에 성공한 것이다. 치료된 원숭이들을 같은 우리에 모으니 그들도 정상 원숭이들처럼 곧 친해졌고 같이 놀았다. 위스콘신 연구팀은 원숭이 전문가를 초빙하여 우리 안에 정상 원숭이와 격리 원숭이를 함께 넣고 그들이 노는 모습을 보여 주었다. 그리고 격리 원숭이를 골라내 달라고 부탁했다. 원숭이 전문가도 격리 원숭이를 골라낼 수 없었다. 완벽한 치료였다.

할로 박사의 원숭이 실험은 우리에게 친밀함에 관한 세 가지 교훈을 준다. 첫째, 어릴 때 어머니의 보살핌을 받지 못한 사람은 친근한 관계를 형성하기가 어렵다. 따뜻한 보살핌을 경험하지 못한 사람은 자신의 자녀도 보살피지 못한다. 또한, 아이뿐만 아니라 어떤 사람과도 친근해지기가 어렵다. 둘째, 사회적 관계의 단절과 고립은 친근한 관계 형성을 어렵게 한다. 원숭이도 인간처럼 집단 생활을 하는 사회적 동물이다. 인간관계가 단절되고 고립된 유년기를 보낸 사람들은 격리 원숭이처럼 사람을 두려워하는 대인기피증에 빠진다. 사람이 접근해 오면 두려움이 밀려온다. 셋째, 치료자 원숭이를 만나면 친밀한 관계의 문제가 치료된다. 인간미가 넘치는 친구는 치료자 역할을 할 수 있다. 두려워서 친구를 피하고 때로는 화를 내도 다음 날 웃으며 찾아오는 친구는 우리의 치료자 원숭이다. 일단 친근한 관계를 맺는 데 성공만 하면 친밀함의 문은 쉽게 열린다. 누군가가 좋아지고 기다려지는 만남이 시작되면 좋은 출발이다. 그 대상은 이성도 좋고 동성도 좋다.

친근한 관계를 맺는 데 성공만 하면
친밀함의 문은 쉽게 열린다.
누군가가 좋아지고
기다려지는 만남이 시작되면
좋은 출발이다.

4장

친밀한 관계를 맺는
좋은 방법

치료자가 될 수 있는
한 사람만 있으면 된다

친밀감은 인간을 행복하게 하는 감정이다. 인간을 치유하는 치료적인 감정이다. 혹시 당신이 좋은 엄마를 만나지 못했더라도 괜찮다. 많은 사람이 그렇다. 그렇다고 친밀한 관계를 맺을 수 없는 것인가? 그렇지 않다. 엄마가 가장 좋지만 그렇지 않다면 주변에 있는 다른 사람들이 당신이 친밀한 관계를 맺도록 도와줄 수 있다. 아내나 남편일 수도, 친구일 수도, 선생님일 수도, 의사일 수도 있다.

우울증과 실어증에 빠진 유대인 소녀가 있었다. 부모가 독일 군인들에게 사살되는 것을 보고 충격을 받은 소녀는 수년간 말없이 허공만 바라보고 앉아 있었다. 그녀는 창고에 숨어 있었기 때문에 죽음은 면했지만 말을 잃었다. 그러다 소녀는 여성 정신과 의사를 만났다. 그녀도 그 소녀와 비슷한 경험을 한 사람이었다. 부모가 나치수용소에서 죽음을 당했다. 그녀는 소녀의 마음을 충분히 이해할 수 있었다. 정신과 의사는 소녀와 같이 살면서 매일 이야기하고 놀아 주었다. 처음에는 아무 반응이 없었지만 1개월이 흐른 뒤 어느 날 소녀가 반응을 보였다. 장난감 자동

차를 가만히 밀어 놓는 것이었다. 그 반응을 시작으로 소녀는 자기가 본 두려웠던 장면을 이야기할 수 있는 데까지 이르렀다. 그 후 소녀는 치료되어 밝은 아이로 돌아갔다.

헬렌 켈러를 치료했던 앤 설리번도 정상적인 대인관계를 맺지 못하고 지하감옥 같은 병실에 혼자 갇혀 살던 사람이었다. 어머니의 죽음, 알코올 중독인 아버지, 보호소 수감 생활, 동생의 죽음 등 어린 나이에 감당하기엔 너무 벅찬 아픔으로 앤은 수시로 자살을 시도하고 괴성을 질렀고, 아무도 그녀를 돌볼 수 없었다. 그런데 노(老) 간호사가 모두가 포기한 앤을 돌보겠다고 자청했다. 그 간호사는 정신과 치료보다는 그냥 앤의 친구가 되어 주었다.

날마다 과자를 들고 가서 책을 읽어 주고 기도를 해 주었다. 처음에는 두려워하고 피하던 앤이 어느 날부터인가 그 간호사를 피하지 않았고 과자도 받아먹기 시작했다. 그리고 차츰 더 적극적으로 접근해 왔다. 마침내 앤은 정상적인 대인관계가 가능해졌다. 건강해진 그녀는 노 간호사에게 감사했다. 그리고 헬렌 켈러에게 가정교사가 필요하다는 광고를 보고 달려갔던 것이다. 그리고 노 간호사가 자기를 치료할 때 했던 것처럼 친근한 행동으로 헬렌 켈러에게 다가갔다. 사납게 반항하던 헬렌 켈러가 친근한

반응을 보였고 마침내 전과는 다른 헬렌 켈러가 되었다.

앤 설리번의 이야기는 고립된 원숭이를 치료했던 치료
자 원숭이를 생각나게 한다. 치료자가 될 수 있는 앤 같은
사람을 만나면 누구라도 치료가 된다. 그러나 이런 사람
을 만난다고 해도 내 쪽에서 너무 소극적이면 문제는 계
속된다. 친밀함은 나로부터 시작되기 때문이다. 내가 편
해져야 남도 편하다. 나를 고치는 일이 남을 고치는 것보
다 더 쉽다. 친밀한 관계를 맺기 위해서는 나를 이해할 필
요가 있다. 내 문제가 무엇인지를 먼저 알아야 한다. 내
문제를 아는 데는 Ms A처럼 정신분석을 받는 것이 가장
좋은 방법이다. 그러나 그렇게 할 수 없는 사람들을 위해
서 몇 가지 방법을 제언하고 싶다.

힘없는 나를 용서하자

힘없고 무능하다고 자신을 구박하는 사람은 다른 사람과
친밀한 관계를 맺을 수 없다. 다른 사람들도 자신을 힘없
고 무능하다고 무시하고 버릴 것 같아서 두렵기 때문이
다. 이런 사람들은 누군가 너무 가까이 접근하면 겁을 먹

는다. 약점이 노출될 것 같아서 두렵기 때문이다. 그리고 다른 사람들이 자신의 약점을 알게 되면 자신을 무시할 것이라고 굳게 믿는다. 이런 비참한 입장이 되는 것을 피하기 위해서 가까워지는 것을 피해 달아나는 것이다. 친근함은 불안하고, 그래서 안전거리가 필요하다고 느낀다.

이런 사람들은 화가 나도 화를 내지 않는다. 슬퍼도 울지 않는다. 슬퍼도 기쁜 척하고 화가 나도 웃는다. 약하게 보여서는 안 되기 때문이다. 약해 보이면 무시당하고 버림받는다. 무시당하고 버림받는 아픔이 너무 크기에 이런 위험을 피하기 위해서 자신을 숨겨야 한다. 그리고 강하고 멋진 부분만을 보여 주려고 노력한다.

여기서 대인관계의 곤란이 시작된다. 가면을 쓰고 있기 때문이다. 우아한 가면 뒤에 초조한 자신이 있다. 사람과 친밀해지려면 자신에게 정직할 필요가 있다. 자신에게 정직하려면 힘없는 자신을 그대로 인정하고 용서해 줘야 한다. 모든 인간이 헤라클레스처럼 강할 필요는 없다. 누구나 인간적인 약점은 있다. 인간적 결함과 고통을 인정하고 살아야 한다. 친밀함을 느낄 수 있으려면 우리의 인간다움을 인정해야 한다. 인간은 불완전하다. 그래서 다른 사람에게 의지하기도 하고, 내게 의지하는 사람의 부탁을 들어주면서 사는 게 인생이다. 사람은 때로는 슬플 수도 있고, 때로는 기쁠 수도 있다.

　Ms A도 남 앞에서 울지 못했다. 남에게 부탁도 못했다. 자신이 나약하게 보일 것 같아서 강한 척했다. 그러나 분석을 받고 자신이 비록 완벽하지 못해도 사랑받을 만하다는 것을 스스로 인정하게 되었다. 그리고 안심하고 가면을 벗을 수 있었다. 움켜쥔 것을 놓아야 자유를 잡을 수 있다. 우리 자신을 과대 선전하는 대신에 자신의 강점과 약점에 대해 정직할 수 있어야 한다. 사실 자기를 노출하고 있는 그대로 자신을 인정한다고 해도 잃을 건 없다. 오히려 숨기면서까지 지키려 했던 것들을 다 잃어도 좋다고 각오할 때, 우리는 더 큰 자유를 얻을 수 있다. 힘없는 나를 용서해야 한다. "내가 본래 좀 이래요." 이렇게 고백할 때 비로소 긴장 없는 친근한 관계가 시작된다.

나를 있는 그대로 좋아해 보자

당신에게 누군가가 "나는 있는 그대로의 당신을 좋아해요"라고 고백한다고 생각해 보자. 혹시 당신의 심리적 반응이 "그럴 리가 없어요. 나에 대해서 잘 몰라서 그런 말을 하는 거예요. 나를 조금만 더 알게 되면 좋아할 수 없을 거예요"라면 당신은 친밀한 관계를 맺기 힘든 사람이다. 당신 자신이 자신을 좋아하지 않는데 어떻게 다른 사람이 당신을 좋아할 것이라고 기대할 수 있겠는가?

당신은 내심 '당신들이 나를 좋아하는 것은 나의 연극에 속아 넘어갔기 때문이야. 당신들은 나의 진짜 모습을 몰라. 그걸 알면 혐오스러워서 고개를 돌릴 거야'라고 생각할지도 모른다. 자신의 연기력에 대한 과신이지만 그 밑에는 자기혐오가 있다. 두려움이 깔려 있다. 친근해지면 냄새나고 혐오스러운 자신이 폭로될 것이 두렵다.

당신을 지금 그대로 인정하고 좋아하기 전에는 이 두려움이 사라지지 않을 것이다. 당신에게 호감을 느끼고 접근하는 사람을 만날 때마다 약점이 탄로날까 봐 두려움이 엄습할 것이다. 그래서 그 두려움을 피하려고 "아닙니다. 나는 그런 사람이 못 됩니다"라고 방어하고, "나는 실은 아주 못된 놈입니다"라며 불필요한 자학의 말까지 늘어놓게 될 것이다. 이것은 어제 오늘의 일이 아니라 유년기부터 시작된 아주 오래된 당신의 행동 패턴일 것이다. 당신은 자신을 좋아한다는 사람과 같이 있으면 불편하다.

그러나 당신을 싫어하는 사람과 지내기는 더 어렵다. 이래저래 당신은 고립되고 외로운 새처럼 쓸쓸할 수밖에 없다. 더욱이 당신은 당신 자신과 같이 있는 시간조차 불편할지도 모른다. 자기괴리 때문이다. 호감 가지 않는 자신과 살기가 편치 않을 것이다. 세상 어디를 가도 호감 가지 않는 나 자신이 당신을 따라 다닌다고 생각해 보라. 이건 비극이다.

당신을 있는 그대로 좋아해 보자. 인간적인 약점을 감안하더라도 당신은 적어도 한 인간으로서 지구상에 유일무이한 존재가 아닌가. 나름대로 개성을 가진 인간이 아닌가. 부모님은 당신이 잘나서가 아니라 자녀이기 때문에 부족해도 사랑하고 염려해 주셨다. 크리스천이라면 이런 생각도 좋다. 하나님은 당신이 완벽한 크리스천이어서 사랑하신 게 아니다. 여전히 죄인이고 부족했음에도 불구하고 하나님은 당신을 사랑하셨다. 바울 사도는 "그리스도께서 내가 아직 죄인 되었을 때에 나를 사랑하사 십자가를 지셨다"라고 고백했다. 진정한 사랑은 불완전한 상태를 용서하고 사랑하는 일이다. 자신이 완벽하지 못해도 구박하지 말고 현실적으로 인정해 주자.

자기 긍정은 모든 것의 시작이다. 친밀한 관계도 여기

서부터 시작된다. 부족하지만 자신을 좋아해 보자. 더 이상 당신의 분노와 욕구, 그리고 감정을 수치스럽게 생각하지 말자. 자신을 용납하게 되면 남 앞에서도 떳떳해질 것이다. 숨길 필요가 없어진다. 그 덕분에 당신의 두려움, 지루함과 무기력감 그리고 고독이 바로 보일 것이다. 그리고 마음속의 아이가 무시당하지 않고 사랑받게 될 것이다. Ms A가 그랬던 것처럼 친밀함을 느낄 수 있게 된다.

친밀함은 시간을 함께 보낼 때 형성된다

어떤 사람과 친해지려면 상대에게 시간을 내줘야 한다. 함께 보내는 시간이 없으면 친밀함은 생길 수 없다. 이런 말도 있다. "사랑은 시간을 내주는 것이다." 사랑한다고 하면서 시간은 내주지 않고 용돈만 준다면 아내는 외로움을 느낄 것이다. 가족들이 친밀해지기 위해서도 함께 보내는 시간이 필요하다. 온 가족이 함께 게임을 하거나 외식을 하는 것도 좋은 방법이다.

친해지고 싶은 사람과 의미 있고 재미있는 시간을 보낸다면 더욱 좋다. 테레사 수녀의 제자들처럼 빈민들을 함

께 돕거나, 굶주린 사람들에게 '밥 퍼주는' 봉사를 같이한
다든지, 혹은 종교 활동을 같이한다든지. 이렇게 일을 함
께하면 동지애가 생기고 친밀함을 느끼게 된다. 대학생들
은 동아리 활동이 좋다. 외톨이들은 동아리에 들어가지
않는다. 성인들은 취미생활을 함께하는 것이 좋다. 골프
를 같이 치거나, 그림을 같이 그리는 동호회도 좋다. 여행
을 함께 가는 것도 좋다. 취미가 없는 사람은 지금부터라
도 개발하는 것이 좋다. 그러려면 일 중독자가 되어서는
안 된다. 너무 많은 일로 자신을 지치게 해서도 안 된다.
시간표를 창조적으로 짜야 한다. 시간의 여유분을 만들어
서 친해지고 싶은 사람들과 함께 시간을 보내야 한다. 누
군가와 함께 있을 때 재미있고 또 그를 만나고 싶다면 친
밀함이 시작된 것이다.

자기 말을 잘 들어주는 사람에게 친밀함을 느낀다

의사소통론에서 나오는 이야기이다. 인간은 대화를 나
눌 때 3가지 불안을 느낀다고 한다. 첫째는 비난에 대한

불안이다. '이 사람이 내 말솜씨가 형편없다고 비난하지나 않을까?' 둘째는 이해에 대한 불안이다. '내 말을 이해하고 있나?' 셋째는 지루함에 대한 불안이다. '내 말이 이 사람을 지루하게 만들고 있는 것은 아닌가?' 3가지 불안은 거의 모든 대화자가 자기들도 모르게 느끼는 감정이다. 비난을 듣지 않으려고 노력하며 재미있게 말하려고 애쓴다. 그럼에도 마음이 불안한 대화자는 상대의 반응을 자주 살피게 된다. 상대가 하품이라도 하는 날에는 불안한 예측은 현실이 되어 버린다. 빨리 자리를 뜨고 싶어질 것이다. 그런데 이와 반대로 대화 상대가 경청하는 태도를 보이면 갑자기 마음이 편안해지고 함께 있는 시간이 즐거워진다. 그래서 경청하는 태도가 중요하다.

경청하는 태도 중 가장 중요한 것은 '고개 끄덕이기'(head-nodding)이다. 우리는 이야기를 들으며 공감이 될 때 고개를 끄덕인다. 아주 단순한 행동이지만 말하는 사람에게는 의미가 크다. 상대가 고개를 끄덕이면 말하는 사람에게 '당신의 이야기에 공감이 가요. 재미있어요. 계속 이야기해 주세요'라는 말로 들린다. 불안이 사라지고 편안해진다. 친근감도 느끼게 된다.

대화의 기법 중에 '소리내기'(vocalization)가 있다. 우리는 흔히 대화 중에 상대의 말을 들으며 목을 울리는 작은 소리를 낸다. "음, 음 으흠…" 하거나 "아, 아하" 하는 소리다. 이렇게 소리로 반응을 나타내면 침묵할 때보다 대화의 분위기가 훨씬 편해진다.

이처럼 사람들은 자기 말을 경청해 주는 사람에게 친밀함을 느낀다. 말의 결론을 알아내려고 서두르지 말자. 상대가 충분히 말할 수 있도록 허용해 주고 고개를 끄덕이거나 소리를 내며 경청하도록 노력하자. 친밀한 관계가 형성될 것이다.

관계의 아픔을 피하지 말자

사람과 사람이 만나면 감정이 상하거나 자존심이 상할 때가 있다. 오해나 갈등이 생기고 상처도 주고받게 된다. 이것이 인간관계다. 인간은 누구나 이런 아픔을 경험하며 산다. 아픔을 피하기 위해 사람 만나기를 회피하면 친밀함도 사라진다. 예컨대 사랑하는 사람들도 그렇다. 눈부셔 보이는 그들도 늘 아프다. 행복만 있지 않다. 그래서 유행가 가사 중 가장 많이 등장하는 내용이 사랑의 아픔이다. '사랑은 눈물의 씨앗'이라고 한다. 사랑하는 이에게 인정받고 싶은데 '그대 앞에만 서면 나는 작아진다.' 사랑할 때는 내가 너무 작아 보여서 비참하고 숨 쉬기도 어렵다. 사랑하게 되면 상대를 상상 속의 인물로 이상화하기 때문이다. 연인의 관심을 독점하고 싶은데, 세상에는 연인의 관심을 빼앗아 가는 매력적인 것이 너무나 많다. 그래서 자존심이 상할 때가 많다. 사랑의 심리학이다.

사랑은 가장 친밀한 인간관계이다. 사랑 때문에 아프지만 그렇다고 사람들이 사랑을 포기하지는 않는다. 사랑의 아픔을 견디는 사람만이 사랑할 수 있다. 아프지 않고는 친밀한 관계를 유지할 수 없는 것이 인간관계이기 때문이다. 사람을 만날 때는 아플 각오를 하자. 무균실처럼 너무 안전한 관계만 찾다 보면 고립되고 만다. 인간은 부족한 존재이므로 서로에게 상처를 주고받는다. 이것을 받아들일 수 있는 사람이 성숙한 사람이다. 나도 너도 서로 부족하지만 그 자체로 사랑받을 만한 존재들이다. 친밀함을 느낄 수 있는 존재들이다.

친밀함의 세계로 가는 문

오래전에 인상적인 커피 광고 문구를 보았다. "가슴이 따뜻한 사람과 만나고 싶다." 이 광고의 의도는 가슴이 추워서 따뜻한 사람을 만나고 싶으면 커피를 마시라는 것이었지만, 나는 그 광고 문구를 만들어 낸 카피라이터가 현대인들의 내적 허전함을 잘 이해한 사람이라고 생각했다. 집집마다 승용차가 있고 TV, 냉장고도 있고, 인터넷도 있고…. 세상은 편하고 살기 좋아졌는데 사람들은 더욱 외롭고 추워졌다. 외롭고 추운 현대인들은 언 몸을 녹여 줄 '마음이 따뜻한 사람'을 그리워한다. 친밀함을 원한다.

정신과 의사가 된 지 올해로 꼭 30년이 되었다. 많은 사람들을 만났다. 내면세계의 아픔을 가지고 내게 오는 사람들이었다. 그들 중에는 수천 억을 가진 부자도 있었고 라면 가게를 운영하는 가난한 청년도 있었다. 미녀도 있었고 사고로 얼굴이 일그러진 처녀도 있었다. CEO, 언론인, 박사도 있었고 무학(無學)의 할머니도 있었다. 삶의 환경은 각기 달라도 그들에게는 한 가지 공통점이 있었다. 모두 외롭고 춥다는 것이었다. 돈도, 명예도, 심지어 인기도 마음의 추위를 막아 주지 못했다. 그 추위의 근본에는 친밀한 관계를 맺지 못하는 친밀함의 장애가 있었다. 친밀함에 목마른 사람들은 친밀함을 맛보려고 여기저기 기웃거린다. 술에 빠지기도 하고, 성에 중독되기도 하며 일밖에 모르는 사람이 되기도 한다. 이것도 저것도 아니면 차라리 외톨이가 되어 상상 속의 세계에 몰입하기도 한다.

내가 보기에 친밀함의 장애 대부분은 유년기에서 유래한 것이었다. 유년기의 문제이기 때문에 비의식에 숨어 있어서 접근이 어려웠다. 외롭고 춥고 괴로운 이들은 이 추위가 어디서 오는지도 모르고 당황하다가 절망했다. 나는 이들과 이러한 내면의 문제를 분석했다. 분석 수단은 정통 정신분석 방법이었다. 분석이 잘 진행될 때 피분석자들을 가장 행복하게 한 것은 주위 사람들에게 느끼는 친밀함이었다. 그들은 친밀함 덕분에 따뜻한 여생을 살 수 있겠다고 고백했다. 정신분석을 받게 된 것을 다행으로 생각했고 나에게 감사했다. 나도 보람을 느꼈다.

나는 이 책 1부에서 정신분석 이야기를 전했다. 친밀한 관계를 맺기 어려워하던 Ms A의 분석 과정을 시작부터 종결기까지 썼다. '비의식이 어떻게 그녀를 괴롭혔는가?'에 대해서 그리고 비의식의 감옥으로부터 벗어나는 과정을 설명했다. 분석 후 Ms A의 무겁고 어두웠던 삶은 밝고 희망적으로 바뀌었다. 그녀의 표현을 빌린다면 '마음의 큰 산을 넘었다.' 친밀함을 누리며 살게 되었다. 그러나 여기서 한 가지 말해 두고 싶은 것이 있다. 인생의 모든 갈등으로부터 그녀가 자유로워진 것은 아니라는 사실이다. 그녀는 인간이다. 인간으로서 매일 부딪치는 어려운 현실과 부대끼며 살아야 한다. 다만 비의식의 그늘에서 멀리 벗어났다는 것은 확실하다.

2부에서는 친밀함을 방해하는 원인들을 다루었다. 열등감이 친밀함 형성에 가장 큰 방해물이다. 또한 죄책감이 심한 사람은 '도둑놈이 제 발 저린다'는 얘기처럼 스스로 죄책감에 잘 빠진다. 주변 사람들이 자신의 죄를 알아챌 것 같아서 피한다. 그래서 친해지지 못한다. 시기심도 친밀함을 파괴하는 큰 장애물이다. 시기심은 유치한 감정이지만 사회 도처에서 독사처럼 친밀함을 파괴한다. 온라인 악플 속에도 시기심을 볼 수 있다.

친밀한 관계를 누리며 살기 위해서는 누구든 치료자를 만나야 된다. 친구도, 배우자도, 정신과 의사도 좋다. 동성이든 이성이든 '내 가치를 인정해 주는 자기대상'을 만나서 친밀함을 나누는 경험을 해야 한다. 한 번만 제대로 이 경험을 하고 나면 친밀함의 세계로 가는 문이 열린다. 친밀함을 위해서는 스스로도 부족한 자신을 용서하고 받아주어야 한다. 인간적인 약점을 인정해야 한다. 그리고 인생의 '숨는 자'(hider)가 아니라 적극적으로 '찾아 나서는 자'(seeker)가 되어야 한다.

친밀함의 장애를 가진 사람들은 고독하다. 그런데 아무에게도 이 문제를 말하지 못한다. 자존심이 상하기 때문이다. 아무도 알아줄 수 없는 이런 고통을 속으로 삭이며 사는 사람들이 많다. 이 책이 그들의 마음의 골방에 찾아가서 불을 밝히며 따뜻한 위안과 도움을 주었으면 좋겠다.

- 《30년만의 휴식》 (이무석, 비전과리더십)
- 《정신분석에로의 초대》 (이무석, 이유)
- 《아이를 잘 키운다는 것》 (노경선, 예담)
- 《자신감 있는 자녀로 키우자》
  (제임스 돕슨, 정동섭 · 안효선 역, 에스라서원)
- 《시기심》 (케이트 배로스, 김숙진 역, 이제이북스)
- *Intimacy* (Dr. Paul Colman, Alpha Books)
- *Go Away Come Closer* (Terry Hershey, Hershey)